# 青少年
## 体育活动课程设计
# 体能训练

9~10
岁

体育活动课研创组　编

人民邮电出版社
北京

**图书在版编目（CIP）数据**

青少年体育活动课程设计. 体能训练. 9～10岁 / 体
育活动课研创组编. -- 北京 : 人民邮电出版社，2022.8
ISBN 978-7-115-58509-7

Ⅰ. ①青… Ⅱ. ①体… Ⅲ. ①体育活动－青少年读物
②青少年－体能－身体训练 Ⅳ. ①G8-49②G808.14

中国版本图书馆CIP数据核字(2022)第037633号

**免责声明**

作者和出版商都已尽可能确保本书技术上的准确性以及合理性，并特别声明，不会承担由于
使用本出版物中的材料而遭受的任何损伤所直接或间接产生的与个人或团体相关的一切责任、损
失或风险。

## 内 容 提 要

"青少年体育活动课程设计指导丛书"面向负责学校体育活动的组织者，以促进青少年健康
发展为基本理念，提供了一系列关于开展体育活动课程的丰富参考内容，涉及体能训练、篮球、
足球、羽毛球、乒乓球等体育活动的具体实施方案。

本书一共分为 5 章。第 1 章提供 16 个完整的体育课程组织方案，每节课程由热身活动、身
体素质训练、体育游戏活动、放松活动 4 部分组成。方案将体能训练和游戏相结合，帮助教师完
成一节内容丰富、形式有趣的体育课。第 2～4 章分别采用分步骤图解和真人示范的形式，对身
体素质训练、体育游戏活动以及热身与放松动作进行了细致讲解。第 5 章为常见运动损伤与安全
防护知识，为教师带领 9～10 岁青少年开展课后体育活动提供丰富教学参考，从而减少青少年受
伤的风险，提高身体素质。

◆ 编　　　　体育活动课研创组
责任编辑　李　璇
责任印制　马振武

◆ 人民邮电出版社出版发行　　北京市丰台区成寿寺路 11 号
邮编　100164　电子邮件　315@ptpress.com.cn
网址　https://www.ptpress.com.cn
廊坊市印艺阁数字科技有限公司印刷

◆ 开本：700×1000　1/16
印张：9　　　　　　　　　2022 年 8 月第 1 版
字数：186 千字　　　　　　2025 年 4 月河北第 8 次印刷

定价：49.80 元

读者服务热线：**(010)81055296**　印装质量热线：**(010)81055316**
反盗版热线：**(010)81055315**

# 编委会

# 前言

各类报道显示，我国中小学生体质指标连续近 20 年呈总体下滑趋势，成为后续"亚健康"问题的源头，也给社会带来了深深的隐忧。在数字互联网和人工智能飞速发展的大时代背景下，体育运动对促进儿童青少年身心的全面协调发展具有不可替代的重要作用，儿童青少年身体素质的发展，将直接影响到中华民族伟大复兴战略目标的实现，这也是当前"双减"政策出台的重要背景之一。

重视和加强儿童青少年体能训练，是落实《体育强国建设纲要》中"青少年体育服务体系更加健全，身体素养显著提升，健康状况明显改善"任务的重要步骤与基础条件，为实现"推动青少年文化学习和体育锻炼协调发展，帮助学生在体育锻炼中享受乐趣、增强体质、健全人格、锤炼意志，培养德智体美劳全面发展的社会主义建设者和接班人"目标提供强大助力。体能是学生全面发展的基础，强健的体魄和良好的运动能力不仅能提高学生的身体素质，也可以间接地提高学生的学习效率。全面提升儿童青少年体能训练水平，掌握科学训练方法非常关键，而学校体育课以及课后活动是孩子掌握体育技能和练习方法最重要的阵地，特别是针对当前火热的儿童青少年体能训练，体育课的设计需要更加结构化和科学化。

本丛书主要适用于学校负责开展体育活动的教师，包括专职体育教师、兼职体育教师、各类体育活动组织者等，以 7~12 岁中小学生作为授课对象，贯彻科学练习、寓教于乐的原则，系统性地让孩子们通过体能训练和体育游戏提高体育成绩、增强身体素质、激发运动参与兴趣，并为其他专项运动的全面可持续发展奠定良好的基础。

本书一共分为 5 章。第 1 章提供了 16 个完整的体育课程组织方案，每节课程由热身活动、身体素质训练、体育游戏活动与放松活动 4 部分组成，其中身体素质训练和体育游戏活动根据小学生体质健康测试涉及的能力进行设计，在强健学生体魄的同时培养学生对运动的兴趣，可以帮助教师完成一节内容丰富、生动有趣且结构完整的体能课程，稳步提高学生的身体素质。第 2 章至第 4 章分别为身体素质训练、体育游戏活动以及热身与放松动作的具体介绍，推荐教师们详细阅读这一部分，掌握动作要点和组织技巧，从而正确、适当地指导学生练习。第 5 章则介绍了儿童青少年生理特点及相关运动安全防护、损伤预防和应急处理知识，让教师更加安全、系统、科学地安排好教学课程。

需要注意的是，本书第 1 章所介绍的 16 个课程组织方案是一套完整的学期课程内容，方案中每个身体练习或技术动作都可在书中对应页码找到详细讲解。在实际教学中，教师可按照本书提供的课程顺序进行一学期的教学，也可针对不同年龄学生选取部分课程进行教学。此外，教师也可以根据学生的技能水平情况及场地设施条件，对书中的各部分内容进行针对性调整或重组设计，增加课程的新鲜感和互动性，帮助学生更好地提升身体素质和增强运动表现，进而最大程度地激发学生的运动热情。

# 目录

## 第 1 章　课程组织方案

学期规划·······················2
第 1 课·······················4
第 2 课·······················6
第 3 课·······················8
第 4 课·······················10
第 5 课·······················12
第 6 课·······················14
第 7 课·······················16
第 8 课·······················18
第 9 课·······················20
第 10 课·······················22
第 11 课·······················24
第 12 课·······················26
第 13 课·······················28
第 14 课·······················30
第 15 课·······················32
第 16 课·······················34

## 第 2 章　身体素质训练

身体素质训练介绍·······················37
训练 1　交叉跳绳跑接力·······················38
训练 2　障碍跑接力·······················40
训练 3　单双脚交换跳绳接力·······················42
训练 4　50 米接力跑·······················44
训练 5　运送气球接力·······················46
训练 6　行进运球障碍跑·······················48
训练 7　搭档上下传球接力·······················50
训练 8　跳大绳接力·······················52
训练 9　连接比长·······················54
训练 10　毛毛虫爬行接力·······················56
训练 11　螃蟹爬行接力·······················58
训练 12　纵向平板爬行接力·······················60
训练 13　搭档拍手仰卧起坐·······················62
训练 14　横向平板爬行接力·······················64
训练 15　两人三足接力·······················66
训练 16　袋鼠跳接力·······················68

# 目录

## 第 3 章　体育游戏活动

体育游戏活动介绍 ·············· 71

游戏活动 1　小推车爬行 ··············· 72

游戏活动 2　8 字环绕 ··············· 73

游戏活动 3　长短宽窄 ··············· 74

游戏活动 4　镜面游戏 ··············· 75

游戏活动 5　老鹰捉小鸡 ··············· 76

游戏活动 6　顶物平衡走接力 ········ 77

游戏活动 7　夹包跳投 ··············· 78

游戏活动 8　拔河 ··············· 79

游戏活动 9　替换球接力 ··············· 80

游戏活动 10　青蛙与害虫 ··············· 81

游戏活动 11　踩影子 ··············· 82

游戏活动 12　闭眼直线行走接力 ········ 83

游戏活动 13　贴膏药 ··············· 84

游戏活动 14　听数来抱团 ··············· 85

游戏活动 15　平衡考验接力 ··············· 86

游戏活动 16　搭档掷沙包 ··············· 87

## 第 4 章　动作练习

热身与放松介绍 ··············· 89

相扑式深蹲 ··············· 90

毛毛虫爬行 ··············· 91

向后分腿蹲 ··············· 92

抱膝前进 ··············· 93

侧弓步移动 ··············· 94

站姿 Y 字 ··············· 95

后交叉弓步 ··············· 96

向后弓步旋转 ··············· 97

最伟大拉伸 ··············· 98

垫步直腿跳 ··············· 99

大字两侧屈 ··············· 100

徒手蹲双脚跳 ··············· 101

踝关节八字跳 ··············· 102

对侧肘碰膝垫步跳 ··············· 103

波比跳 ··············· 104

碎步跑 ··············· 105

开合跳 ··············· 106

站姿 L 字 ··············· 107

身体向上向下伸展 ··············· 108

登山步 ··············· 109

垫步直臂绕环 ··············· 110

燕式平衡 + 体前屈 ··············· 111

十字向心跳 ··············· 112

高抬腿 ··············· 113

侧卧股四头肌拉伸 ··············· 114

站姿股四头肌拉伸 ··············· 115

眼镜蛇式 ··············· 116

内收肌坐式拉伸 ··············· 117

猫狗式 ··············· 118

# 目录

4 字拉伸 ···················· 119

屈伸手腕 ···················· 120

单腿屈髋 ···················· 121

三角肌后束拉伸 ············· 122

腓肠肌拉伸 ················· 123

手臂后伸屈肘后推 ·········· 124

菱形肌拉伸 ················· 125

站姿拉伸小腿 ··············· 126

跪姿背阔肌拉伸 ············· 127

体前屈 ···················· 128

双臂向后伸展上提 ·········· 129

# 第 5 章　损伤与预防

儿童青少年生理特点与运动损伤的关系 ······················ 131

儿童青少年常见运动损伤 ······························· 132

运动损伤应急处理 ······························· 133

常见运动损伤的预防 ······························· 135

# 科学健身 增强体质 爱上运动

本书专属二维码：为每一本正版图书保驾护航

## 扫码获得正版专属资源

微信扫描下方二维码，即可获得本书正版专属资源

## 智能阅读向导为您严选以下专属服务

- **课堂设计妙招：** 名师教授课堂设计方法
- **体育考试资讯：** 把握考试指挥棒作用

【师生相处贴士】 提供师生相处沟通技巧
【便捷学习工具】 提高本书阅读效率

## 扫码添加智能阅读向导

### 操作步骤指南

① 微信扫描本书二维码。
② 选取您需要的资源，点击获取。
③ 如需重复使用，可再次扫码，或将其添加到微信"📦收藏"。

# 第 1 章

# 课程组织方案

# 学期规划

## 课程组织方案考虑要点

9~10 岁的学生，所处学段为小学中年级。在经过了低年级学段之后，这一阶段的学生已经形成了一定的行为规范，身体各系统的功能也有了进一步发展，但需要提升对动作的控制能力。这一时期的体育教育会结合学生身高、体重的情况，着重培养学生的速度、灵敏性、协调性等身体素质。

据此，这一时期的学期规划及其特色如下：

首先是课程组织方案兼顾了学生的生理与心理发育阶段的特点。本书按照热身活动—身体素质训练—体育游戏活动—放松活动的模式，整理出 16 个完整的课程组织方案案例，配合学期使用。读者也可以灵活使用这些游戏、训练和动作来自行设计课程组织方案。热身和放松活动分别在训练之前和训练之后进行，身体素质训练、体育游戏活动有助于提升学生的各项身体素质，是课程组织方案的主体部分。各板块设置科学、内容轻松，兼具实用性和娱乐性。

其次是课程组织方案综合了小学生体质健康测试项目内容。9~10 岁小学生的体质健康测试项目主要包括：BMI（体重指数）、肺活量、50 米跑、坐位体前屈、1 分钟跳绳（高优指标）、1 分钟仰卧起坐。课程组织方案以多种形式体现了这些测试项目的内容。

课程组织方案的设定，以及与小学生体质健康测试项目的相关性，都建立在科学实用的基础上，教师如能合理利用，对学生体质的提升是非常有用的。

## 体质健康测试评级标准

9~10 岁学生的体质健康测试共 120 分，其中标准分为 100 分、附加分为 20 分，附加分由高优指标项目的实际测定分数决定。1 分钟跳绳为小学的高优指标项目，测试分数达到 100 分后，根据实际多跳的个数继续加分，最高可以加 20 分。

除了高优指标外，还需要了解的是高权重指标，即分数值在总分中所占比例相对高一些的项目指标。9~10 岁学生体质健康测试中，1 分钟跳绳、坐位体前屈、50 米跑这三项的成绩，权重均为 20%，为高权重指标。

体质健康测试的评级标准如下，以供师生参考。

等级评定标准

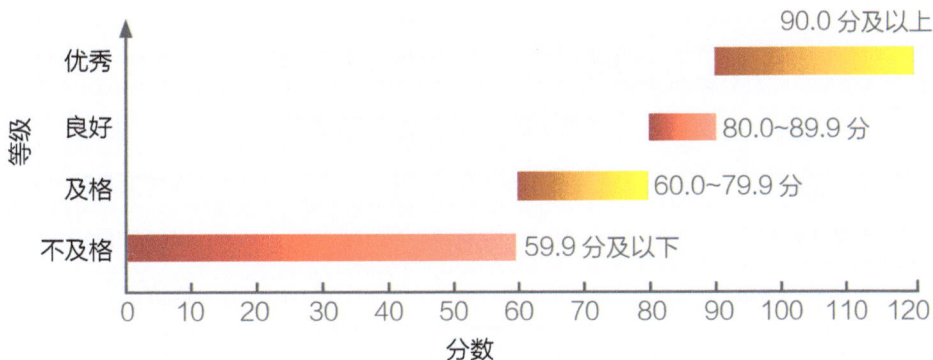

等级 / 分数

- 优秀 90.0 分及以上
- 良好 80.0~89.9 分
- 及格 60.0~79.9 分
- 不及格 59.9 分及以下

# 学期规划之外的建议

除了按照学期规划来指导学生开展体育活动之外，教师还要在学习和生活中，给予学生一些关于健康的建议，这样才能更好地促进学生身体的全面发展。这些建议主要涉及以下 4 个部分。

规律运动：每天、每周的运动要有规律，不能几天不运动，然后补偿性地突然做大量运动。运动量也要有规律地逐步提升。

科学饮食：饮食方面要做到营养均衡，这样不仅有利于提高身体健康水平，优化体重指数，也有利于体育运动的开展。

端正姿态：小学生处于身体发育关键期，端正姿态有助于骨骼、肌肉的均衡发育，减少和避免不良身姿的形成，这也是提升体育技能的重要基础。

健康作息：良好的作息规律有助于培养良好的习惯，促进身体的健康发育。

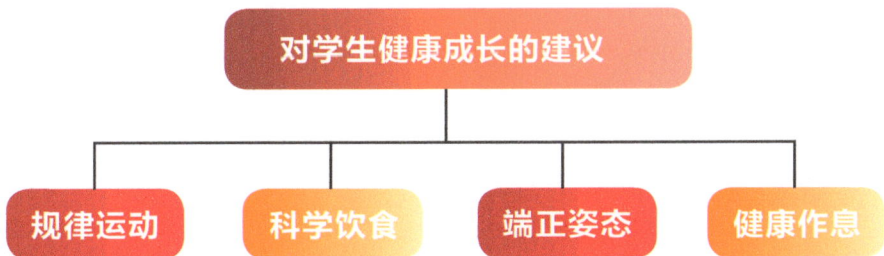

对学生健康成长的建议

- 规律运动
- 科学饮食
- 端正姿态
- 健康作息

# 第 1 课

- **器材准备** 跳绳
- **教学目标** 提升速度、协调能力、上下肢力量和核心力量

## A. 热身活动　按顺序做以下 6 个动作，完成热身。　⏱ 8~10 分钟

| 动作 | 重复次数 / 保持时间 / 行进距离 | 页码 |
|---|---|---|
| **1** 垫步直腿跳 | 30~60 秒 /20~30 米 | 详情见 P99 |
| **2** 大字两侧屈 | 8~10 次（左右算一次） | 详情见 P100 |
| **3** 徒手蹲双脚跳 | 20~30 次 | 详情见 P101 |
| **4** 毛毛虫爬行 | 8~10 次 /8~10 米 | 详情见 P91 |
| **5** 踝关节八字跳 | 20~30 次（内外算一次） | 详情见 P102 |
| **6** 燕式平衡 + 体前屈 | 8~10 次（左右算一次） | 详情见 P111 |

## B. 身体素质训练：交叉跳绳跑接力　⏱ 8~15 分钟

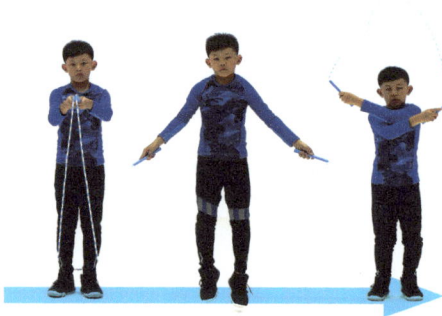

1. 教师讲解并示范交叉跳绳跑动作。
2. 向学生强调动作要领。
3. 指导学生模仿练习，可以根据人数进行分组练习。
4. 根据学生的动作进行点评与纠正。

详情见 P38

## C. 体育游戏活动：小推车爬行　⏱ 16~25 分钟

1. 教师进行组织安排。
2. 讲解游戏规则。
3. 教师发布开始指令，学生进行游戏，直到所有学生都完成游戏或游戏时间结束。

详情见 P72

## D. 放松活动　按顺序做以下 6 个动作，完成放松。　⏱ 8~10 分钟

| | 动作 | 重复次数 / 保持时间 / 行进距离 | 页码 |
|---|---|---|---|
| 1 | 三角肌后束拉伸 | 左右两侧各 15~30 秒 | 详情见 P122 |
| 2 | 双臂向后伸展上提 | 15~30 秒 | 详情见 P129 |
| 3 | 侧卧股四头肌拉伸 | 左右两侧各 15~30 秒 | 详情见 P114 |
| 4 | 体前屈（坐姿） | 15~30 秒 | 详情见 P128 |
| 5 | 腓肠肌拉伸 | 左右两侧各 15~30 秒 | 详情见 P123 |
| 6 | 猫狗式 | 8~10 次 | 详情见 P118 |

# 第 2 课

- **器材准备** 锥形桶或绕杆、障碍物、篮球
- **教学目标** 提升协调能力和下肢力量

## A. 热身活动

按顺序做以下 6 个动作，完成热身。 ⏱ 8~10 分钟

| 动作 | 重复次数 / 保持时间 / 行进距离 | 页码 |
|---|---|---|
| 1 对侧肘碰膝垫步跳 | 20~30 次（左右算一次） | 详情见 P103 |
| 2 向后弓步旋转 | 8~10 次（左右算一次） | 详情见 P97 |
| 3 后交叉弓步 | 8~10 次（左右算一次） | 详情见 P96 |
| 4 最伟大拉伸 | 8~10 次（左右算一次） | 详情见 P98 |
| 5 波比跳 | 30~60 秒 | 详情见 P104 |
| 6 燕式平衡 + 体前屈 | 8~10 次（左右算一次） | 详情见 P111 |

## B. 身体素质训练：障碍跑接力

⏱ 8~15 分钟

1. 教师讲解并示范障碍跑动作。
2. 向学生强调动作要领。
3. 指导学生模仿练习，可以根据人数进行分组练习。
4. 根据学生的动作进行点评与纠正。

详情见 P40

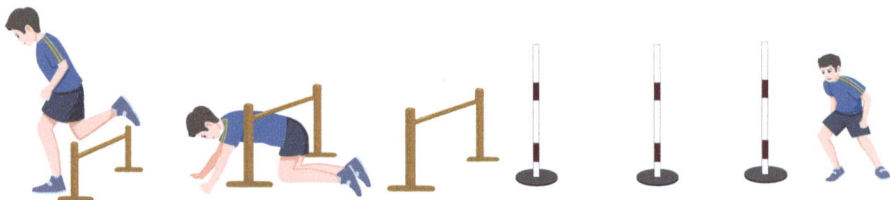

## C. 体育游戏活动：8 字环绕 ⏱ 16~25 分钟

1. 教师进行组织安排。
2. 讲解游戏规则。
3. 教师发布开始指令，学生进行游戏，直到所有学生都完成游戏或游戏时间结束。

详情见 P73

## D. 放松活动 按顺序做以下 6 个动作，完成放松。 ⏱ 8~10 分钟

| | 动作 | 重复次数 / 保持时间 / 行进距离 | 页码 |
|---|---|---|---|
| 1 | 站姿股四头肌拉伸（静态） | 左右两侧各 15~30 秒 | 详情见 P115 |
| 2 | 单腿屈髋（静态） | 左右两侧各 15~30 秒 | 详情见 P121 |
| 3 | 4 字拉伸 | 左右两侧各 15~30 秒 | 详情见 P119 |
| 4 | 腓肠肌拉伸 | 左右两侧各 15~30 秒 | 详情见 P123 |
| 5 | 侧弓步移动（静态） | 左右两侧各 15~30 秒 | 详情见 P94 |
| 6 | 跪姿背阔肌拉伸 | 8~10 次 | 详情见 P127 |

# 第 3 课

- **器材准备** 跳绳
- **教学目标** 提升速度、灵敏性、协调能力和下肢力量

## A. 热身活动

按顺序做以下 6 个动作，完成热身。 ⏱ 8~10 分钟

| 动作 | 重复次数 / 保持时间 / 行进距离 | 页码 |
|------|------------------------------|------|
| 1 碎步跑 | 30~60 秒 /20~30 米 | 详情见 P105 |
| 2 向后弓步旋转 | 8~10 次（左右算一次） | 详情见 P97 |
| 3 登山步 | 20~30 次（左右算一次） | 详情见 P109 |
| 4 侧弓步移动（动态） | 8~10 次（左右算一次） | 详情见 P94 |
| 5 对侧肘碰膝垫步跳 | 20~30 次（左右算一次） | 详情见 P103 |
| 6 毛毛虫爬行 | 8~10 次 /8~10 米 | 详情见 P91 |

## B. 身体素质训练：单双脚交换跳绳接力

1. 教师讲解并示范单双脚交换跳绳动作。
2. 向学生强调动作要领。
3. 指导学生模仿练习，可以根据人数进行分组练习。
4. 根据学生的动作进行点评与纠正。

详情见 P42

## C. 体育游戏活动：长短宽窄　⏱ 16~25 分钟

1. 教师进行组织安排。
2. 讲解游戏规则。
3. 教师发布开始指令，学生进行游戏，直到所有学生都被淘汰或游戏时间结束。

详情见 P74

## D. 放松活动　按顺序做以下 6 个动作，完成放松。　⏱ 8~10 分钟

| | 动作 | 重复次数 / 保持时间 / 行进距离 | 页码 |
|---|---|---|---|
| 1 | 站姿股四头肌拉伸（静态） | 左右两侧各 15~30 秒 | 详情见 P115 |
| 2 | 体前屈（站姿） | 15~30 秒 | 详情见 P128 |
| 3 | 侧弓步移动（静态） | 左右两侧各 15~30 秒 | 详情见 P94 |
| 4 | 站姿拉伸小腿 | 左右两侧各 15~30 秒 | 详情见 P126 |
| 5 | 手臂后伸屈肘后推 | 左右两侧各 15~30 秒 | 详情见 P124 |
| 6 | 三角肌后束拉伸 | 左右两侧各 15~30 秒 | 详情见 P122 |

# 第 4 课

- **器材准备** 接力棒
- **教学目标** 提升速度、灵敏性和协调能力

## A. 热身活动
按顺序做以下 6 个动作，完成热身。 ⏱ 8~10 分钟

| 动作 | 重复次数 / 保持时间 / 行进距离 | 页码 |
|---|---|---|
| 1 碎步跑 | 30~60 秒 /20~30 米 | 详情见 P105 |
| 2 抱膝前进 | 8~10 次（上下算一次） | 详情见 P93 |
| 3 对侧肘碰膝垫步跳 | 20~30 次（左右算一次） | 详情见 P103 |
| 4 相扑式深蹲 | 8~10 次 | 详情见 P90 |
| 5 高抬腿 | 20~30 次 | 详情见 P113 |
| 6 最伟大拉伸 | 8~10 次（左右算一次） | 详情见 P98 |

## B. 身体素质训练 : 50 米接力跑
⏱ 8~15 分钟

1. 教师讲解并与一名学生示范 50 米接力跑动作。
2. 向学生强调动作要领。
3. 指导学生模仿练习，可以根据人数进行分组练习。
4. 根据学生的动作进行点评与纠正。

详情见 P44

## C. 体育游戏活动：镜面游戏　⏱ 16~25 分钟

1. 教师进行组织安排。
2. 讲解游戏规则。
3. 教师发布开始指令，学生进行游戏，直到游戏时间结束。

详情见 P75

## D. 放松活动　按顺序做以下 6 个动作，完成放松。　⏱ 8~10 分钟

| | 动作 | 重复次数 / 保持时间 / 行进距离 | 页码 |
|---|---|---|---|
| 1 | 内收肌坐式拉伸 | 15~30 秒 | 详情见 P117 |
| 2 | 侧卧股四头肌拉伸 | 左右两侧各 15~30 秒 | 详情见 P114 |
| 3 | 单腿屈髋（静态） | 左右两侧各 15~30 秒 | 详情见 P121 |
| 4 | 腓肠肌拉伸 | 左右两侧各 15~30 秒 | 详情见 P123 |
| 5 | 4 字拉伸 | 15~30 秒 | 详情见 P119 |
| 6 | 猫狗式 | 8~10 次 | 详情见 P118 |

# 第 5 课

■ **器材准备** 气球
■ **教学目标** 提升速度、灵敏性、协调能力、心肺耐力和下肢力量

## A. 热身活动
按顺序做以下 6 个动作，完成热身。 ⏱ 8~10 分钟

| 动作 | 重复次数 / 保持时间 / 行进距离 | 页码 |
|---|---|---|
| 1 开合跳 | 20~30 次 | 详情见 P106 |
| 2 身体向上向下伸展 | 8~10 次（上下算一次） | 详情见 P108 |
| 3 后交叉弓步 | 8~10 次（左右算一次） | 详情见 P96 |
| 4 向后弓步旋转 | 8~10 次（左右算一次） | 详情见 P97 |
| 5 碎步跑 | 30~60 秒 /20~30 米 | 详情见 P105 |
| 6 最伟大拉伸 | 8~10 次（左右算一次） | 详情见 P98 |

## B. 身体素质训练：运送气球接力 ⏱ 8~15 分钟

1. 教师讲解并示范运送气球动作。
2. 向学生强调动作要领。
3. 指导学生模仿练习，可以根据人数进行分组练习。
4. 根据学生的动作进行点评与纠正。

详情见 P46

## C. 体育游戏活动：老鹰捉小鸡　⏱ 16~25 分钟

1. 教师进行组织安排。
2. 讲解游戏规则。
3. 教师发布开始指令，学生进行游戏，直到所有扮演小鸡的学生都被抓住或游戏时间结束。

详情见 P76

## D. 放松活动　按顺序做以下 6 个动作，完成放松。　⏱ 8~10 分钟

| | 动作 | 重复次数 / 保持时间 / 行进距离 | 页码 |
|---|---|---|---|
| 1 | 三角肌后束拉伸 | 左右两侧各 15~30 秒 | 详情见 P122 |
| 2 | 手臂后伸屈肘后推 | 左右两侧各 15~30 秒 | 详情见 P124 |
| 3 | 内收肌坐式拉伸 | 15~30 秒 | 详情见 P117 |
| 4 | 体前屈（坐姿） | 15~30 秒 | 详情见 P128 |
| 5 | 猫狗式 | 8~10 次 | 详情见 P118 |
| 6 | 跪姿背阔肌拉伸 | 8~10 次 | 详情见 P127 |

# 第 6 课

- **器材准备** 锥形桶、篮球、绳子或胶带、书本
- **教学目标** 提升速度、平衡和协调能力

## A. 热身活动

按顺序做以下 6 个动作，完成热身。 ⏱ 8~10 分钟

| | 动作 | 重复次数 / 保持时间 / 行进距离 | 页码 |
|---|---|---|---|
| 1 | 徒手蹲双脚跳 | 20~30 次 | 详情见 P101 |
| 2 | 大字两侧屈 | 8~10 次（左右算一次） | 详情见 P100 |
| 3 | 碎步跑 | 30~60 秒 /20~30 米 | 详情见 P105 |
| 4 | 站姿 L 字 | 20~30 次 | 详情见 P107 |
| 5 | 高抬腿 | 20~30 次 | 详情见 P113 |
| 6 | 毛毛虫爬行 | 8~10 次 /8~10 米 | 详情见 P91 |

## B. 身体素质训练：行进运球障碍跑 ⏱ 8~15 分钟

1. 教师讲解并示范行进运球障碍跑动作。
2. 向学生强调动作要领。
3. 指导学生模仿练习，可以根据人数进行分组练习。
4. 根据学生的动作进行点评与纠正。

详情见 P48

## C. 体育游戏活动：顶物平衡走接力  ⏱ 16~25 分钟

1. 教师进行组织安排。
2. 讲解游戏规则。
3. 教师发布开始指令，学生进行游戏，直到所有学生都完成游戏或游戏时间结束。

详情见 P77

## D. 放松活动  按顺序做以下 6 个动作，完成放松。  ⏱ 8~10 分钟

| | 动作 | 重复次数 / 保持时间 / 行进距离 | 页码 |
|---|---|---|---|
| 1 | 手臂后伸屈肘后推 | 左右两侧各 15~30 秒 | 详情见 P124 |
| 2 | 三角肌后束拉伸 | 左右两侧各 15~30 秒 | 详情见 P122 |
| 3 | 站姿股四头肌拉伸（静态） | 左右两侧各 15~30 秒 | 详情见 P115 |
| 4 | 单腿屈髋（静态） | 左右两侧各 15~30 秒 | 详情见 P121 |
| 5 | 站姿拉伸小腿 | 左右两侧各 15~30 秒 | 详情见 P126 |
| 6 | 猫狗式 | 8~10 次 | 详情见 P118 |

# 第7课

■ **器材准备** 篮球、胶带或绳子、沙包
■ **教学目标** 提升协调能力和下肢力量

## A. 热身活动
按顺序做以下6个动作，完成热身。 ⏱ 8~10分钟

| | 动作 | 重复次数/保持时间/行进距离 | 页码 |
|---|---|---|---|
| 1 | 垫步直腿跳 | 30~60秒/20~30米 | 详情见P99 |
| 2 | 站姿Y字 | 20~30次 | 详情见P95 |
| 3 | 开合跳 | 20~30次 | 详情见P106 |
| 4 | 毛毛虫爬行 | 8~10次/8~10米 | 详情见P91 |
| 5 | 徒手蹲双脚跳 | 20~30次 | 详情见P101 |
| 6 | 向后分腿蹲 | 8~10次 | 详情见P92 |

## B. 身体素质训练：搭档上下传球接力 ⏱ 8~15分钟

1. 教师讲解并与一名学生示范搭档上下传球动作。
2. 向学生强调动作要领。
3. 指导学生模仿练习，可以根据人数进行分组练习。
4. 根据学生的动作进行点评与纠正。

详情见P50

## C. 体育游戏活动：夹包跳投  ⏱ 16~25 分钟

1. 教师进行组织安排。
2. 讲解游戏规则。
3. 教师发布开始指令，学生进行游戏，直到所有学生都完成游戏或游戏时间结束。

详情见 P78

## D. 放松活动  按顺序做以下 6 个动作，完成放松。  ⏱ 8~10 分钟

| 动作 | 重复次数 / 保持时间 / 行进距离 | 页码 |
| --- | --- | --- |
| 1 内收肌坐式拉伸 | 15~30 秒 | 详情见 P117 |
| 2 站姿股四头肌拉伸（静态） | 左右两侧各 15~30 秒 | 详情见 P115 |
| 3 菱形肌拉伸 | 15~30 秒 | 详情见 P125 |
| 4 手臂后伸屈肘后推 | 左右两侧各 15~30 秒 | 详情见 P124 |
| 5 三角肌后束拉伸 | 左右两侧各 15~30 秒 | 详情见 P122 |
| 6 猫狗式 | 8~10 次 | 详情见 P118 |

**1**  **2**  **3**  **4**  **5**  **6**

# 第8课

- **器材准备** 大跳绳、拔河绳
- **教学目标** 提升协调能力和上下肢力量

## A. 热身活动
按顺序做以下6个动作，完成热身。 ⏱ 8~10分钟

| 动作 | 重复次数 / 保持时间 / 行进距离 | 页码 |
|---|---|---|
| 1 垫步直腿跳 | 30~60秒 /20~30米 | 详情见 P99 |
| 2 站姿股四头肌拉伸（动态） | 8~10次（左右算一次） | 详情见 P115 |
| 3 踝关节八字跳 | 20~30次（内外算一次） | 详情见 P102 |
| 4 向后弓步旋转 | 8~10次（左右算一次） | 详情见 P97 |
| 5 十字向心跳 | 8~10次 | 详情见 P112 |
| 6 最伟大拉伸 | 8~10次（左右算一次） | 详情见 P98 |

## B. 身体素质训练：跳大绳接力
⏱ 8~15分钟

1. 教师讲解并示范跳大绳动作。
2. 向学生强调动作要领。
3. 指导学生模仿练习，可以根据人数进行分组练习。
4. 根据学生的动作进行点评与纠正。

详情见 P52

## C. 体育游戏活动：拔河

⏱ 16~25 分钟

1. 教师进行组织安排。
2. 讲解游戏规则。
3. 教师发布开始指令，学生进行游戏，直到一方获胜。

详情见 P79

## D. 放松活动

按顺序做以下 6 个动作，完成放松。

⏱ 8~10 分钟

| | 动作 | 重复次数 / 保持时间 / 行进距离 | 页码 |
|---|---|---|---|
| 1 | 手臂后伸屈肘后推 | 左右两侧各 15~30 秒 | 详情见 P124 |
| 2 | 双臂向后伸展上提 | 15~30 秒 | 详情见 P129 |
| 3 | 屈伸手腕 | 左右两侧各 15~30 秒 | 详情见 P120 |
| 4 | 侧卧股四头肌拉伸 | 左右两侧各 15~30 秒 | 详情见 P114 |
| 5 | 单腿屈髋（静态） | 左右两侧各 15~30 秒 | 详情见 P121 |
| 6 | 腓肠肌拉伸 | 左右两侧各 15~30 秒 | 详情见 P123 |

# 第9课

- **器材准备** 篮球、粉笔、沙包
- **教学目标** 提升速度和柔韧能力

## A. 热身活动　按顺序做以下6个动作，完成热身。　⏱ 8~10分钟

| 动作 | 重复次数 / 保持时间 / 行进距离 | 页码 |
|---|---|---|
| 1 后交叉弓步 | 8~10次（左右算一次） | 详情见 P96 |
| 2 身体向上向下伸展 | 8~10次（上下算一次） | 详情见 P108 |
| 3 高抬腿 | 20~30次（左右算一次） | 详情见 P113 |
| 4 侧弓步移动（动态） | 8~10次（左右算一次） | 详情见 P94 |
| 5 垫步直腿跳 | 20~30次（左右算一次） | 详情见 P99 |
| 6 燕式平衡＋体前屈 | 8~10次（左右算一次） | 详情见 P111 |

## B. 身体素质训练：连接比长　⏱ 8~15分钟

1. 教师讲解并示范横叉和竖叉动作。
2. 向学生强调动作要领。
3. 指导学生模仿练习，可以根据人数进行分组练习。
4. 根据学生的动作进行点评与纠正。

详情见 P54

## C. 体育游戏活动：替换球接力 ⏱ 16~25 分钟

1. 教师进行组织安排。
2. 讲解游戏规则。
3. 教师发布开始指令，学生进行游戏，直到所有学生都完成游戏或游戏时间结束。

详情见 P80

## D. 放松活动 按顺序做以下 6 个动作，完成放松。 ⏱ 8~10 分钟

| | 动作 | 重复次数 / 保持时间 / 行进距离 | 页码 |
| --- | --- | --- | --- |
| 1 | 站姿股四头肌拉伸（静态） | 左右两侧各 15~30 秒 | 详情见 P115 |
| 2 | 体前屈（站姿） | 15~30 秒 | 详情见 P128 |
| 3 | 4 字拉伸 | 左右两侧各 15~30 秒 | 详情见 P119 |
| 4 | 内收肌坐式拉伸 | 15~30 秒 | 详情见 P117 |
| 5 | 菱形肌拉伸 | 15~30 秒 | 详情见 P125 |
| 6 | 腓肠肌拉伸 | 左右两侧各 15~30 秒 | 详情见 P123 |

1
2
3
4
5
6

# 第 10 课

■ **器材准备** 锥形桶、粉笔
■ **教学目标** 提升柔韧、协调能力、上下肢力量和核心力量

## A. 热身活动　按顺序做以下 6 个动作，完成热身。　⏱ 8~10 分钟

| 动作 | 重复次数 / 保持时间 / 行进距离 | 页码 |
|---|---|---|
| 1 开合跳 | 20~30 次 | 详情见 P106 |
| 2 身体向上向下伸展 | 8~10 次（上下算一次） | 详情见 P108 |
| 3 徒手蹲双脚跳 | 20~30 次 | 详情见 P101 |
| 4 向后弓步旋转 | 8~10 次（左右算一次） | 详情见 P97 |
| 5 波比跳 | 20~30 次 | 详情见 P104 |
| 6 燕式平衡＋体前屈 | 8~10 次（左右算一次） | 详情见 P111 |

## B. 身体素质训练：毛毛虫爬行接力　⏱ 8~15 分钟

1. 教师讲解并示范毛毛虫爬行动作。
2. 向学生强调动作要领。
3. 指导学生模仿练习，可以根据人数进行分组练习。
4. 根据学生的动作进行点评与纠正。

详情见 P56

## C. 体育游戏活动：青蛙与害虫  ⏱ 16~25 分钟

1. 教师进行组织安排。
2. 讲解游戏规则。
3. 教师发布开始指令，学生进行游戏，直到游戏时间结束。

详情见 P81

## D. 放松活动 按顺序做以下 6 个动作，完成放松。 ⏱ 8~10 分钟

| | 动作 | 重复次数 / 保持时间 / 行进距离 | 页码 |
|---|---|---|---|
| 1 | 手臂后伸屈肘后推 | 左右两侧各 15~30 秒 | 详情见 P124 |
| 2 | 三角肌后束拉伸 | 左右两侧各 15~30 秒 | 详情见 P122 |
| 3 | 侧卧股四头肌拉伸 | 左右两侧各 15~30 秒 | 详情见 P114 |
| 4 | 单腿屈髋（静态） | 左右两侧各 15~30 秒 | 详情见 P121 |
| 5 | 站姿拉伸小腿 | 左右两侧各 15~30 秒 | 详情见 P126 |
| 6 | 跪姿背阔肌拉伸 | 8~10 次 | 详情见 P127 |

# 第 11 课

- **器材准备** 锥形桶
- **教学目标** 提升速度、灵敏性、协调能力、
  上肢力量和核心力量

## A. 热身活动　按顺序做以下 6 个动作，完成热身。　⏱ 8~10 分钟

| | 动作 | 重复次数 / 保持时间 / 行进距离 | 页码 |
|---|---|---|---|
| 1 | 垫步直臂绕环 | 30~60 秒 /20~30 米 | 详情见 P110 |
| 2 | 站姿股四头肌拉伸（动态） | 8~10 次（左右算一次） | 详情见 P115 |
| 3 | 开合跳 | 20~30 次 | 详情见 P106 |
| 4 | 毛毛虫爬行 | 8~10 次 /8~10 米 | 详情见 P91 |
| 5 | 波比跳 | 20~30 次 | 详情见 P104 |
| 6 | 向后弓步旋转 | 8~10 次（左右算一次） | 详情见 P97 |

## B. 身体素质训练：螃蟹爬行接力　⏱ 8~15 分钟

1. 教师讲解并示范螃蟹爬行动作。
2. 向学生强调动作要领。
3. 指导学生模仿练习，可以根据人数进行分组练习。
4. 根据学生的动作进行点评与纠正。

详情见 P58

# C. 体育游戏活动：踩影子　⏱ 16~25 分钟

1. 教师进行组织安排。
2. 讲解游戏规则。
3. 教师发布开始指令，学生进行游戏，直到所有躲避者都被淘汰或游戏时间结束。

详情见 P82

# D. 放松活动　按顺序做以下 6 个动作，完成放松。　⏱ 8~10 分钟

| 动作 | 重复次数 / 保持时间 / 行进距离 | 页码 |
|---|---|---|
| 1　三角肌后束拉伸 | 左右两侧各 15~30 秒 | 详情见 P122 |
| 2　双臂向后伸展上提 | 15~30 秒 | 详情见 P129 |
| 3　站姿股四头肌拉伸（静态） | 左右两侧各 15~30 秒 | 详情见 P115 |
| 4　内收肌坐式拉伸 | 15~30 秒 | 详情见 P117 |
| 5　腓肠肌拉伸 | 左右两侧各 15~30 秒 | 详情见 P123 |
| 6　猫狗式 | 8~10 次 | 详情见 P118 |

# 第 12 课

■ **器材准备** 胶带或 A4 纸
■ **教学目标** 提升平衡能力、上肢力量和核心力量

## A. 热身活动

按顺序做以下 6 个动作，完成热身。 ⏱ 8~10 分钟

| 动作 | 重复次数 / 保持时间 / 行进距离 | 页码 |
|---|---|---|
| 1 高抬腿 | 20~30 次（左右算一次） | 详情见 P113 |
| 2 垫步直臂绕环 | 20~30 次 | 详情见 P110 |
| 3 毛毛虫爬行 | 8~10 次 /8~10 米 | 详情见 P91 |
| 4 最伟大拉伸 | 8~10 次（左右算一次） | 详情见 P98 |
| 5 徒手蹲双脚跳 | 20~30 次 | 详情见 P101 |
| 6 站姿 L 字 | 20~30 次 | 详情见 P107 |

## B. 身体素质训练：纵向平板爬行接力 ⏱ 8~15 分钟

1. 教师讲解并示范纵向平板爬行动作。
2. 向学生强调动作要领。
3. 指导学生模仿练习，可以根据人数进行分组练习。
4. 根据学生的动作进行点评与纠正。

详情见 P60

## C. 体育游戏活动：闭眼直线行走接力 ⏱ 16~25 分钟

1. 教师进行组织安排。
2. 讲解游戏规则。
3. 教师发布开始指令，学生进行游戏，直到所有学生都完成游戏或游戏时间结束。

详情见 P83

## D. 放松活动 按顺序做以下 6 个动作，完成放松。 ⏱ 8~10 分钟

| | 动作 | 重复次数 / 保持时间 / 行进距离 | 页码 |
|---|---|---|---|
| 1 | 站姿股四头肌拉伸（静态） | 左右两侧各 15~30 秒 | 详情见 P115 |
| 2 | 体前屈（站姿） | 15~30 秒 | 详情见 P128 |
| 3 | 4 字拉伸 | 左右两侧各 15~30 秒 | 详情见 P119 |
| 4 | 站姿拉伸小腿 | 左右两侧各 15~30 秒 | 详情见 P126 |
| 5 | 侧弓步移动（静态） | 左右两侧各 15~30 秒 | 详情见 P94 |
| 6 | 跪姿背阔肌拉伸 | 8~10 次 | 详情见 P127 |

# 第 13 课

- **器材准备** 瑜伽垫
- **教学目标** 提升速度、灵敏性和核心力量

## A. 热身活动

按顺序做以下 6 个动作，完成热身。 ⏱ 8~10 分钟

| 动作 | 重复次数 / 保持时间 / 行进距离 | 页码 |
|---|---|---|
| 1 垫步直腿跳 | 30~60 秒 /20~30 米 | 详情见 P99 |
| 2 抱膝前进 | 8~10 次（左右算一次） | 详情见 P93 |
| 3 开合跳 | 20~30 次 | 详情见 P106 |
| 4 毛毛虫爬行 | 8~10 次 /8~10 米 | 详情见 P91 |
| 5 高抬腿 | 20~30 次（左右算一次） | 详情见 P113 |
| 6 最伟大拉伸 | 8~10 次（左右算一次） | 详情见 P98 |

## B. 身体素质训练：搭档拍手仰卧起坐 ⏱ 8~15 分钟

1. 教师讲解并与一名学生示范拍手仰卧起坐动作。
2. 向学生强调动作要领。
3. 指导学生模仿练习，可以根据人数进行分组练习。
4. 根据学生的动作进行点评与纠正。

详情见 P62

## C. 体育游戏活动：贴膏药　⏱ 16~25 分钟

1. 教师进行组织安排。
2. 讲解游戏规则。
3. 教师发布开始指令，学生进行游戏，直到游戏时间结束。

详情见 P84

## D. 放松活动　按顺序做以下 6 个动作，完成放松。　⏱ 8~10 分钟

| 动作 | 重复次数 / 保持时间 / 行进距离 | 页码 |
|---|---|---|
| 1 侧卧股四头肌拉伸 | 左右两侧各 15~30 秒 | 详情见 P114 |
| 2 单腿屈髋（静态） | 左右两侧各 15~30 秒 | 详情见 P121 |
| 3 腓肠肌拉伸 | 左右两侧各 15~30 秒 | 详情见 P123 |
| 4 眼镜蛇式 | 15~30 秒 | 详情见 P116 |
| 5 4 字拉伸 | 左右两侧各 15~30 秒 | 详情见 P119 |
| 6 猫狗式 | 8~10 次 | 详情见 P118 |

# 第 14 课

- **器材准备** 无器材
- **教学目标** 提升速度、灵敏性、协调能力、
  上肢力量和核心力量

## A. 热身活动　按顺序做以下 6 个动作，完成热身。　⏱ 8~10 分钟

| 动作 | 重复次数 / 保持时间 / 行进距离 | 页码 |
|---|---|---|
| 1　碎步跑 | 30~60 秒 /20~30 米 | 详情见 P105 |
| 2　侧弓步移动（动态） | 8~10 次（左右算一次） | 详情见 P94 |
| 3　开合跳 | 20~30 次 | 详情见 P106 |
| 4　站姿 L 字 | 20~30 次 | 详情见 P107 |
| 5　波比跳 | 20~30 次 | 详情见 P104 |
| 6　向后弓步旋转 | 8~10 次（左右算一次） | 详情见 P97 |

## B. 身体素质训练：横向平板爬行接力　⏱ 8~15 分钟

1. 教师讲解并示范横向平板爬行动作。
2. 向学生强调动作要领。
3. 指导学生模仿练习，可以根据人数进行分组练习。
4. 根据学生的动作进行点评与纠正。

详情见 P64

## C. 体育游戏活动：听数来抱团 ⏱ 16~25 分钟

1. 教师进行组织安排。
2. 讲解游戏规则。
3. 教师发布开始指令，学生进行游戏，直到大部分学生被淘汰或游戏时间结束。

详情见 P85

## D. 放松活动　按顺序做以下 6 个动作，完成放松。　⏱ 8~10 分钟

| 动作 | 重复次数 / 保持时间 / 行进距离 | 页码 |
| --- | --- | --- |
| 1 手臂后伸屈肘后推 | 左右两侧各 15~30 秒 | 详情见 P124 |
| 2 三角肌后束拉伸 | 左右两侧各 15~30 秒 | 详情见 P122 |
| 3 站姿股四头肌拉伸（静态） | 左右两侧各 15~30 秒 | 详情见 P115 |
| 4 单腿屈髋（静态） | 左右两侧各 15~30 秒 | 详情见 P121 |
| 5 腓肠肌拉伸 | 左右两侧各 15~30 秒 | 详情见 P123 |
| 6 跪姿背阔肌拉伸 | 8~10 次 | 详情见 P127 |

# 第 15 课

- **器材准备** 布条、平衡木、沙包、书本
- **教学目标** 提升速度、平衡能力、协调能力和下肢力量

## A. 热身活动

按顺序做以下 6 个动作，完成热身。　⏱ 8~10 分钟

| 动作 | 重复次数 / 保持时间 / 行进距离 | 页码 |
|---|---|---|
| 1　对侧肘碰膝垫步跳 | 20~30 次 | 详情见 P103 |
| 2　大字两侧屈 | 8~10 次（左右算一次） | 详情见 P100 |
| 3　踝关节八字跳 | 20~30 次（内外算一次） | 详情见 P102 |
| 4　向后弓步旋转 | 8~10 次（左右算一次） | 详情见 P97 |
| 5　开合跳 | 20~30 次 | 详情见 P106 |
| 6　站姿股四头肌拉伸（动态） | 8~10 次（左右算一次） | 详情见 P115 |

**1**　**2**　**3**　**4**　**5**　**6**

## B. 身体素质训练：两人三足接力　⏱ 8~15 分钟

1. 教师讲解并与一名学生示范两人三足动作。
2. 向学生强调动作要领。
3. 指导学生模仿练习，可以根据人数进行分组练习。
4. 根据学生的动作进行点评与纠正。

详情见 P66

## C. 体育游戏活动：平衡考验接力 ⏱ 16~25 分钟

1. 教师进行组织安排。
2. 讲解游戏规则。
3. 教师发布开始指令，学生进行游戏，直到所有学生都完成游戏或游戏时间结束。

详情见 P86

## D. 放松活动 按顺序做以下 6 个动作，完成放松。 ⏱ 8~10 分钟

| | 动作 | 重复次数 / 保持时间 / 行进距离 | 页码 |
|---|---|---|---|
| 1 | 侧卧股四头肌拉伸 | 左右两侧各 15~30 秒 | 详情见 P114 |
| 2 | 体前屈（坐姿） | 15~30 秒 | 详情见 P128 |
| 3 | 腓肠肌拉伸 | 左右两侧各 15~30 秒 | 详情见 P123 |
| 4 | 猫狗式 | 8~10 次 | 详情见 P118 |
| 5 | 侧弓步移动（静态） | 左右两侧各 15~30 秒 | 详情见 P94 |
| 6 | 菱形肌拉伸 | 15~30 秒 | 详情见 P125 |

# 第 16 课

- **器材准备** 锥形桶、沙包
- **教学目标** 提升速度、协调能力、下肢力量和核心力量

## A. 热身活动

按顺序做以下 6 个动作，完成热身。 ⏱ 8~10 分钟

| | 动作 | 重复次数 / 保持时间 / 行进距离 | 页码 |
|---|---|---|---|
| 1 | 碎步跑 | 30~60 秒 /20~30 米 | 详情见 P105 |
| 2 | 身体向上向下伸展 | 8~10 次（上下算一次） | 详情见 P108 |
| 3 | 波比跳 | 20~30 次 | 详情见 P104 |
| 4 | 站姿 L 字 | 20~30 次 | 详情见 P107 |
| 5 | 垫步直腿跳 | 30~60 秒 /20~30 米 | 详情见 P99 |
| 6 | 向后分腿蹲 | 8~10 次 | 详情见 P92 |

## B. 身体素质训练：袋鼠跳接力

⏱ 8~15 分钟

1. 教师讲解并示范袋鼠跳动作。
2. 向学生强调动作要领。
3. 指导学生模仿练习，可以根据人数进行分组练习。
4. 根据学生的动作进行点评与纠正。

详情见 P68

## C. 体育游戏活动：搭档掷沙包  ⏱ 16~25 分钟

1. 教师进行组织安排。
2. 讲解游戏规则。
3. 教师发布开始指令，学生进行游戏，直到所有学生都完成游戏或游戏时间结束。

详情见 P87

## D. 放松活动  按顺序做以下 6 个动作，完成放松。  ⏱ 8~10 分钟

| | 动作 | 重复次数 / 保持时间 / 行进距离 | 页码 |
|---|---|---|---|
| 1 | 站姿股四头肌拉伸（静态） | 左右两侧各 15~30 秒 | 详情见 P115 |
| 2 | 单腿屈髋（静态） | 左右两侧各 15~30 秒 | 详情见 P121 |
| 3 | 4 字拉伸 | 左右两侧各 15~30 秒 | 详情见 P119 |
| 4 | 内收肌坐式拉伸 | 15~30 秒 | 详情见 P117 |
| 5 | 腓肠肌拉伸 | 左右两侧各 15~30 秒 | 详情见 P123 |
| 6 | 跪姿背阔肌拉伸 | 8~10 次 | 详情见 P127 |

# 第 2 章
## 身体素质训练

# 身体素质训练介绍

## 重要性

9~10 岁是学生身体成长的重要阶段，除了身体各系统的快速发育之外，各项身体素质也处于快速发展时期，尤其是速度、灵敏、协调能力，以及对技术的掌握能力等。因此这一时期的身体素质训练侧重于以上各项以及较复杂的动作。本章的各项训练也正是在这一基础上设置的。

## 注意事项

在进行身体素质训练时，教师和学生需要注意以下事项。

训练地点：温度适宜的非雨雪天气，应选择在操场上进行训练；雨雪天气、酷暑或寒冷天气，应选择室内场地进行训练；要求场地平整。

教师需做到：向学生讲解和示范训练动作，直到学生理解并学会；口令响亮，示范动作规范；合理安排训练时间。

学生需做到：队列整齐，认真听讲，认真观看教师示范；有问题举手示意，不可随意大声喧哗；根据要求完成各项训练。

安全事项：训练前学生要充分热身；教师要提醒学生不能在场地内嬉戏打闹；正确使用体育器材；学生在进行难度较高的动作训练时，应有人在旁边保护；学生不能随身携带坚硬、锐利的物品上课；学生如有身体不适的情况，应随时向教师报告。

## 说明

身体素质训练大多以特定训练动作的接力形式进行。接力形式多种多样，涵盖多项身体素质的训练，教师可以根据场地的实际情况对这些训练进行选择和调整，也可以根据需要将不同的身体素质训练组合成复杂的接力形式。

每个训练项目包含以下板块：基础准备、训练步骤、训练要点、训练规则、动作详解、训练部位（或目标）、主要肌肉等。

学生除了按照要求完成训练之外，还要在训练前进行热身，在训练后进行拉伸放松。

# 训练 1　交叉跳绳跑接力

| 基础准备 | |
|---|---|
| 👤 | 分成人数相等的若干队，每队 6~10 人 |
| ⏱ | 8~15 分钟 |
| ▬ | 跳绳 |

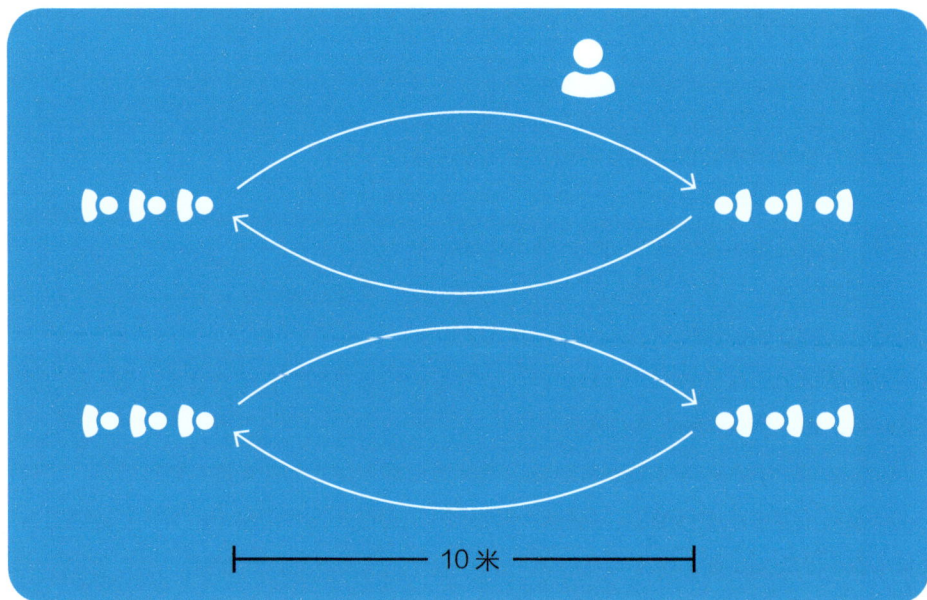

## 训练步骤

1. 教师发布开始指令。
2. 每队的第一名队员起跳，进行交叉跳绳跑接力训练，动作详解见下一页。
3. 每名学生需要完成 1 次接力训练。用时最短的队伍获胜。

## 训练要点

在熟练掌握交叉跳绳动作的基础上，进行接力训练。在接力过程中始终保持动作标准。

## 训练规则

每队队员分成人数相等的两组，分别位于两条出发线后。学生从比赛起点处出发，不得踩线。教师发出开始指令后，每队场地左边的第一名队员先出发，沿弧形轨迹交叉跳绳前进至对侧队员处，与对侧队员击掌后，对侧队员出发，如此一直进行到所有队员都完成 1 次接力训练。

## 动作详解

交叉跳绳

**1**

**2**
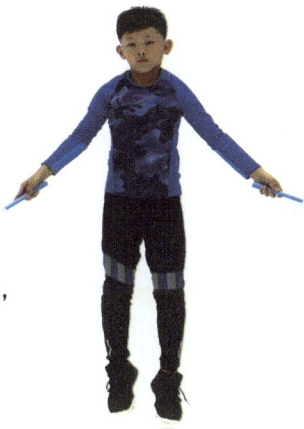

保持呼吸均匀，
完成一次跳绳

**3**

双臂交叉，完成
一次交叉跳绳

1. 身体呈基本站姿，双脚稍稍分开，双臂屈曲，双手几乎相贴，在身前握紧跳绳的两端。

2. 双腿发力跳起，同时双手摇绳，手、脚配合完成一次跳绳。

3. 再跳起第二下，身体在腾空时，双手在身前交叉摇绳，完成第二次跳绳。此时完整进行了一次交叉跳绳。如此循环进行。

**训练部位** 全身

**主要肌肉** 下肢肌群

**POINT** 要点提示

整个动作过程，保持动作的协调性，不要忽快忽慢。

# 训练 2　障碍跑接力

## 基础准备

👤 分成人数相等的若干队，每队约 6~10 人

⏱ 8~15 分钟

🔲 锥形桶或绕杆，障碍物（栏架、跳箱、垫子等）

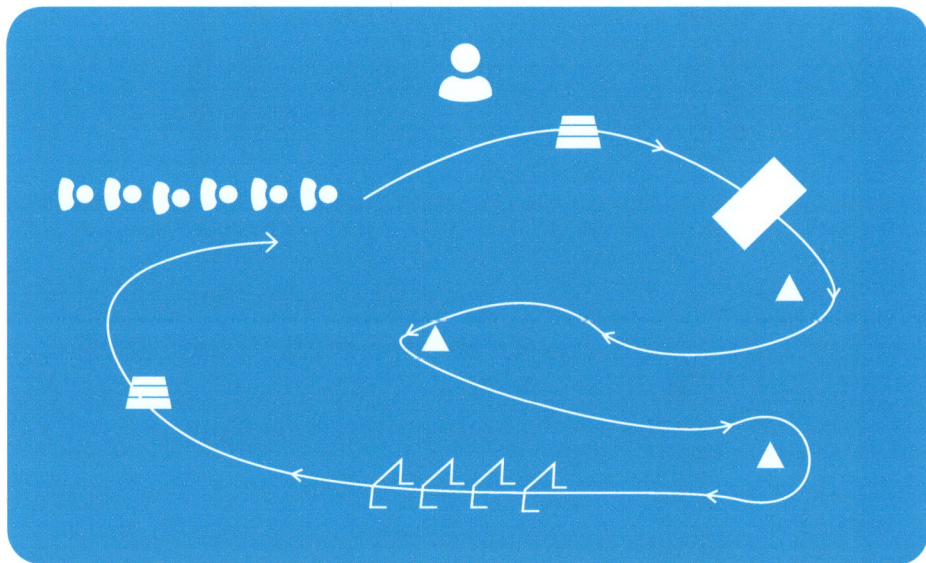

## 训练步骤

1. 教师发布开始指令。
2. 每队的第一名队员出发，开始进行障碍跑接力训练，动作详解见下一页。
3. 每名学生需要完成 1 次接力训练。用时最短的队伍获胜。

## 训练要点

在熟练掌握障碍跑动作的基础上，进行接力训练。在接力过程中始终注意躲避障碍物，防止受伤。

## 训练规则

学生从比赛起点处出发，不得踩线。教师发出开始指令后，每队的第一名队员出发，沿障碍跑路线依次越过障碍物，返回队伍与接力队员击掌后，接力队员才能出发。如此一直进行到所有队员都完成 1 次接力训练。

## 动作详解

障碍跑

1. 跨越障碍物时，单脚踏跳，另一只脚快速向上摆动并跨过障碍物。
2. 钻过障碍物时，降低身体重心，低头，比较连贯地钻过障碍物。
3. 绕过障碍物时，降低身体重心，保持身体平衡，改变方向绕过障碍物。

**训练目标** 提升奔跑能力和身体协调性

**主要肌肉** 下肢肌群

POINT 要点提示

要以合理的方式越过障碍物，保持反应灵敏及身体协调。

# 训练 3　单双脚交换跳绳接力

| 基础准备 | |
|---|---|
| 👤 | 分成人数相等的若干队，每队 6~10 人 |
| ⏱ | 8~15 分钟 |
| ▬ | 跳绳 |

10米

## 训练步骤

1. 教师发布开始指令。

2. 每队的第一名队员起跳，进行单双脚交换跳绳接力训练，动作详解见下一页。

3. 每名学生需要完成 1 次接力训练。用时最短的队伍获胜。

## 训练要点

在熟练掌握单双脚跳绳动作的基础上，进行接力训练。在接力过程中始终保持动作标准。

## 训练规则

每队队员分成人数相等的两组，分别位于两条出发线后。学生从比赛起点处出发，不得踩线。教师发出开始指令后，每队场地左边的第一名队员先出发，沿弧形轨迹单双脚交换跳绳前进至对侧队员处，与对侧队员击掌后，对侧队员出发，如此一直到所有队员都完成 1 次接力训练。

## 动作详解

### 单双脚交换跳绳

**1**

1. 身体呈基本站姿，双脚稍稍分开，双臂屈曲，双手几乎相贴，在身前握紧跳绳的两端。

2. 单脚跳绳时，起跳脚单脚发力跳起，同时双手摇绳，手、脚配合完成跳绳。

3. 双脚跳绳时，双脚发力跳起，同时双手摇绳，手脚配合完成跳绳。根据教师的指令，完成单脚跳、单脚交换跳及双脚跳的交替组合训练。

**2**

单脚跳绳

**3**

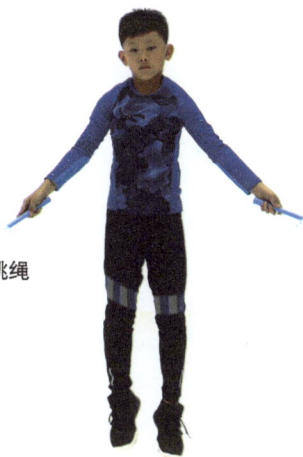

双脚跳绳

**训练部位** 全身

**主要肌肉** 下肢肌群、核心肌群、手臂肌群

**POINT** 要点提示

动作要连贯、协调，每次落下时，前脚掌着地。保持动作的节奏感。不要直臂摇绳。

# 训练 4 | 50 米接力跑

## 基础准备

👤 8 人一队

⏱ 8~15 分钟

▭ 接力棒

## 训练步骤

1. 教师发布开始指令。
2. 每队的第一名队员持棒起跑，绕操场进行 50 米接力跑训练，动作详解见下一页。
3. 每名学生需要完成 1 次接力训练。用时最短的队伍获胜。

## 训练要点

在熟练掌握短跑动作的基础上，进行接力训练。在接力过程中始终保持动作标准。

## 训练规则

起跑前学生们需站在起跑线后，不得踩线。教师发出开始指令后，每队的第一名队员持棒起跑，跑到第二名队员身后，第二名队员接棒后才能起跑，依此类推。若出现掉棒，则要捡起接力棒后才能继续跑。

## 动作详解

50 米接力跑

**1** 上挑式 下压式

**2**

**3**

1. 接力棒有两种握法：上挑式与下压式。上挑式中，接棒人手心向下，持棒者将接力棒向上挑送至接棒人手中；下压式中，接棒人手心向上，持棒者将接力棒向下压送至接棒人手中。

2. 出发姿势。双脚前后开立，左腿前弓，右腿在后，右脚尖撑地。屈膝，屈髋，上身前俯，右手握接力棒，左臂自然后摆。

3. 途中跑姿势。双脚交替快速向前跑，双臂屈肘，配合双脚的节奏前后摆动，直到将接力棒递交到队友手中。

**训练部位** 全身

**主要肌肉** 手臂肌群、下肢肌群、核心肌群

**POINT** 要点提示

跑步过程中，身体不能后仰，双臂不要左右摆动。尽量不要掉棒。

# 训练 5　运送气球接力

## 基础准备

- 分成人数相等的若干队，每队 6~10 人
- 8~15 分钟
- 气球

5米

## 训练步骤

1. 教师发布开始指令。
2. 每队第一名队员出发，进行运送气球接力训练，动作详解见下一页。
3. 每名学生需要完成 1 次接力训练。用时最短的队伍获胜。

## 训练要点

在熟练掌握运送气球动作的基础上，进行接力训练。在接力过程中始终注意调整呼吸。

## 训练规则

每队队员分成人数相同的两部分，分别位于两条出发线后。学生从比赛起点处出发，不得踩线。教师发出开始指令后，场地左边第一名队员先出发，进行运送气球。前进至对侧队员处，与对侧队员交接气球后，对侧队员出发，如此一直进行到所有队员都完成 1 次接力训练。

## 动作详解

运送气球

向前上方吹气

1. 双腿前后分开，稍稍仰头，两手将气球置于头部前上方。

2. 听到开始的指令后，一边向前上方吹气，让气球飘浮在空中，一边前进。

3. 前进过程中，不断吹气向前运送气球，使气球始终在空中向前运动。

4. 如果气球落地，可快速捡起并继续吹气前进。

**训练目标** 提升心肺功能

**主要肌肉** 呼吸肌、腹肌

**POINT** 要点提示

注意吹气的方向为前上方。如果在室外比赛，要考虑风向、风速带来的影响。

# 训练 6 ｜ 行进运球障碍跑

## 基础准备

👤 分成人数相等的若干队

⏱ 8~15 分钟

🏋 锥形桶，篮球

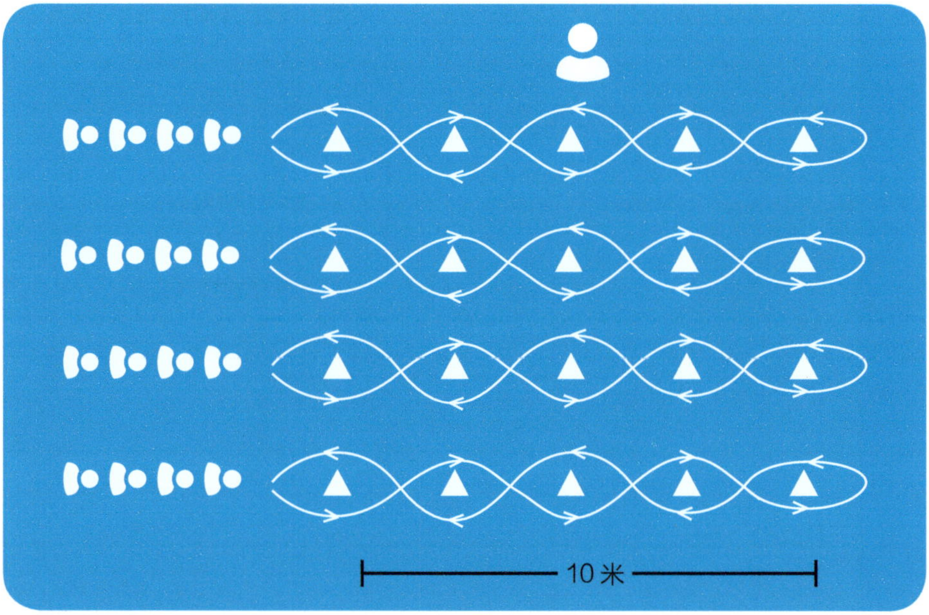

——— 10 米 ———

## 训练步骤

1. 教师发布开始指令。
2. 每队的第一名队员出发，进行行进运球障碍跑训练，动作详解见下一页。
3. 每名学生需要完成 1 次训练。用时最短的队伍获胜。

## 训练要点

在熟练掌握障碍跑和运球动作的基础上，进行行进运球障碍跑训练。在接力过程中始终保持动作标准。

## 训练规则

出发前学生们需站在起跑线后，不得踩线。教师发出开始指令后，每队的第一名队员开始沿设置的路线行进运球，到折返点后绕过锥形桶回到起点。然后下一名队员进行训练。

**动作详解**

**1**

行进运球障碍跑

掌心空出，手指触球

体侧运球

**2**

1. 首先需要掌握运球的技术：拍球时保持掌心不触球，用手指运球；在身体的两侧交替运球；运球前进时，眼睛不要看球，而是看向要前进的道路；拍击球的后上方，使球跟随前进。
2. 绕过障碍物时，先降低身体重心，保持身体平衡，改变方向绕过障碍物。同时注意同步换手运球。

绕过障碍物时降低身体重心

**训练部位** 全身

**主要肌肉** 下肢肌群、核心肌群

**POINT** 要点提示

注意手、眼、身体动作的配合，拍球的节奏和跑动的节奏保持一致。

# 训练 7 | 搭档上下传球接力

| 基础准备 | |
|---|---|
| 👤 | 2 人一组，分成人数相等的若干队 |
| ⏱️ | 8~15 分钟 |
| 🏀 | 篮球 |

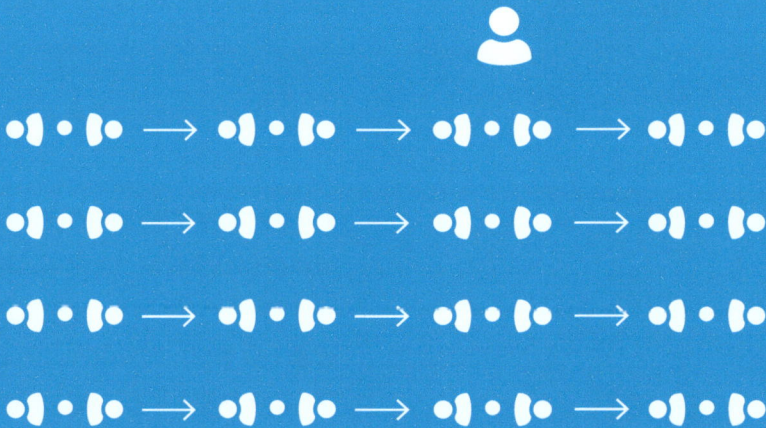

单组搭档传球 1 分钟

## 训练步骤

1. 教师发布开始指令。

2. 各组搭档开始进行搭档上下传球训练，动作详解见下一页。

3. 每组搭档需要完成 1 分钟的上下传球训练。各组完成次数之和为该队伍完成的总次数，最后传球总次数最多的队伍获胜。

## 训练要点

在熟练掌握传球动作的基础上，进行搭档上下传球训练。在动作过程中始终保持动作标准。

## 训练规则

每组搭档中一名学生持球。教师发出开始指令后，搭档之间进行上下传球，全程保持动作正确。在完成 1 分钟的传球训练后，教师给出信号，下一组开始训练。最后传球总次数最多的队伍获胜。

## 动作详解

搭档上下传球

**A**

**B**

核心收紧

**1**

**2**

**3**

1. 搭档 A、B 背对背站立，双脚开立。其中 A 双臂屈肘，双手在胸前抱球，B 双臂下垂，五指展开，做好接球准备。

2. 搭档 A 将球举向头顶后上方，搭档 B 双臂上抬，双手接球。

3. 搭档 B 向前俯身，屈髋，稍稍屈膝，将球经双腿中间向后传给 A。A 向前俯身，屈髋，用双手抱球。如此完成一次搭档上下传球。重复动作，直至完成规定的次数。

**训练部位** 核心

**主要肌肉** 核心肌群、腰部

**POINT** 要点提示

传递球时，保持核心收紧，注意不要摔倒。

# 训练 8　跳大绳接力

| 基础准备 | |
|---|---|
| 👤 | 分成人数相等的若干队，各队人数大于等于 8 人 |
| ⏱ | 8~15 分钟 |
| 🏋 | 大跳绳 |

## 训练步骤

1. 教师发布开始指令。
2. 每队的摇绳队员摇绳，第一名队员起跳，进行跳大绳接力训练，动作详解见下一页。
3. 规定时间内跳得最多的队伍获胜。

## 训练要点

在熟练掌握跳大绳动作的基础上，进行接力训练。在接力过程中注意不要摔倒。

## 训练规则

教师发出开始指令后，摇绳队员摇绳，其余队员依次跳入和跳出大绳，然后折回队尾，准备下一轮跳绳。失误的动作不计入总数。

## 动作详解

跳大绳

不要看绳子

与对方摇绳节奏一致

1. 摇绳的技巧：两人距离要适当，摇绳的节奏要一致，应选比较高的同学来摇绳，这样绳子可以摇得高一些。

2. 跳绳的技巧：不要看绳子，着重听绳子落地的声音和节奏，判断跳入的时机，在绳子摇上去的时候往里跳。跳得高一些、远一些，尽量跳向绳子的中间区域。

**训练部位** 全身

**主要肌肉** 下肢肌群、核心肌群

**POINT** 要点提示

根据绳子拍击地面的声音来判断摇绳的节奏以及跳入的时机。

# 训练 9 连接比长

## 基础准备

👤 分成人数相等的若干队，每队 6~10 人

⏱ 8~15 分钟

🏋 无器械

## 训练步骤

1. 教师发布开始指令。
2. 每队的队员依次相连做横叉或竖叉动作，看哪组连接起来的长度最长，动作详解见下一页。
3. 每名学生需要完成 1 次训练。连接长度最长的队伍获胜。

## 训练要点

在掌握横叉和竖叉动作的基础上，进行连接比长训练。在动作过程中尽最大努力拉伸。

## 训练规则

相连队员的脚要相互接触。教师发出开始指令后，每队的队员做横叉或竖叉动作，且两个相邻队员的脚在训练时间内不能分开。

## 动作详解

连接比长

**1**

脚尖绷直    膝关节伸直    背部挺直

**2**

1. 下横叉或竖叉后，要求双腿呈一字打开，双脚脚尖绷直，膝关节伸直，背部挺直，看向前方。

2. 两个相邻的队员，脚与脚互相接触，不能分开。不能完成横叉或竖叉动作的，取两脚之间的直线距离，以此激励学生最大程度地进行拉伸。

**训练部位** 下肢、核心

**主要肌肉** 下肢肌群、核心肌群

**POINT** 要点提示

活动前做好热身；活动时核心收紧，背部挺直，下横叉或竖叉速度不要太快。

# 训练 10　毛毛虫爬行接力

## 基础准备

- 分成人数相等的若干队，每队 6~10 人
- 8~15 分钟
- 无器材

5 米

## 训练步骤

1. 教师发布开始指令。
2. 每队的第一名队员出发，进行毛毛虫爬行接力训练，动作详解见下一页。
3. 每名学生需要完成 1 次接力训练。用时最短的队伍获胜。

## 训练要点

在熟练掌握毛毛虫爬行动作的基础上，进行接力训练。在接力过程中始终保持动作标准。

## 训练规则

每队队员分成两部分，分别位于两条出发线后。学生从比赛起点处出发，不得踩线。教师发出开始指令后，场地左边第一名队员先出发，前进至对侧队员处，与对侧队员击掌后，对侧队员出发，如此一直进行到所有队员都完成 1 次接力训练。

## 动作详解

毛毛虫爬行

1. 直立，双脚间距约与肩同宽，腹部收紧，挺胸抬头，目视前方。

2. 屈髋弯腰，双臂伸直向下，双腿伸直。

3. 双手撑地，指尖朝前，保持双脚固定，双手向身体前方移动；同时双腿尽量保持伸直状态，始终感觉腿部后侧肌肉有较强的拉伸感。

4. 双手移至尽量远的位置，保持双手位置固定，双腿伸直，双脚向双手方向移动，直至形成直立站姿。重复上述动作至规定的次数或时间。

**1** 腹部收紧

**2** 双腿伸直

**3** 双脚固定 向前方移动

**4** 双腿伸直 向手的方向移动

**训练部位** 全身

**主要肌肉** 腘绳肌、腓肠肌、核心肌群、肩部肌群

**POINT** 要点提示

动作全程核心收紧，双手、双脚的爬行动作要协调，膝关节、腹部不能着地。

# 训练 11　螃蟹爬行接力

## 基础准备

👤 分成人数相等的若干队，每队 6~10 人

⏱ 8~15 分钟

▭ 锥形桶

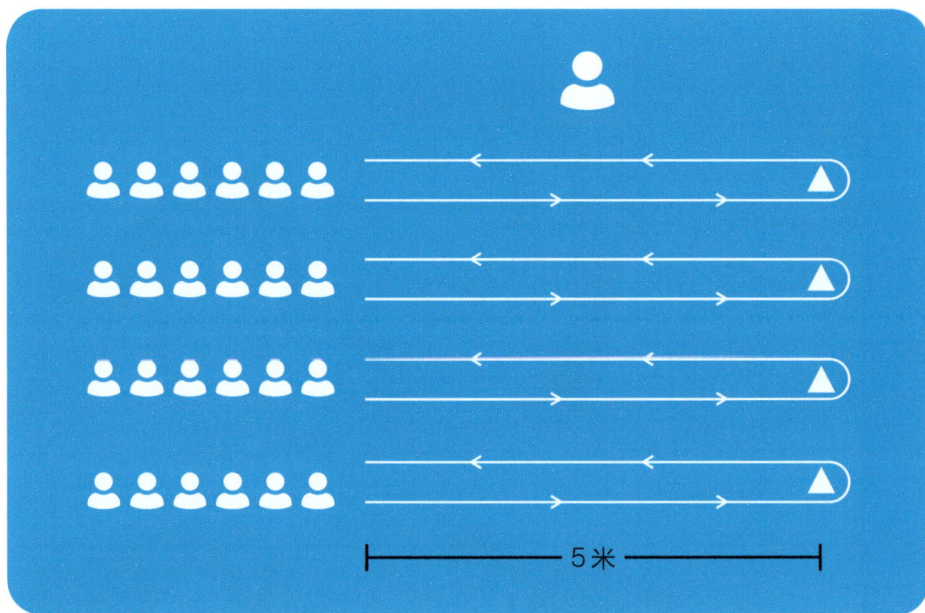

5米

## 训练步骤

1. 教师发布开始指令。

2. 每队的第一名队员出发，进行螃蟹爬行接力训练，动作详解见下一页。

3. 每名学生需要完成 1 次接力训练。用时最短的队伍获胜。

## 训练要点

在熟练掌握螃蟹爬行动作的基础上，进行接力训练。在接力过程中始终保持动作标准。

## 训练规则

出发前学生们需在出发线后做好准备，不得踩线。教师发出开始指令后，每队的第一名队员开始螃蟹爬行，经过折返点后绕过锥形桶回到起点，下一名队员才能出发。

**动作详解**

螃蟹爬行

**1**

保持核心收紧

臀部一直保持悬空

**2**

**3**

1. 背对地面，仰卧，双手双脚撑地，双臂伸直，双腿屈膝，但臀部不要接触地面。核心收紧。

2. 左手和左腿同时向身体左侧移动一步。保持手臂伸直但不锁死，保持双腿屈膝。

3. 换右手和右腿同时向身体左侧移动一步。如此交替重复、持续向左移动。

**训练部位** 全身

**主要肌肉** 核心肌群、肩部肌群

**POINT** 要点提示

整个动作过程中，保持核心收紧，同侧手脚同时移动，动作要协调。

# 训练 12　纵向平板爬行接力

## 基础准备

👤 分成人数相等的若干队，每队 6~10 人

⏱ 8~15 分钟

⚖ 无器械

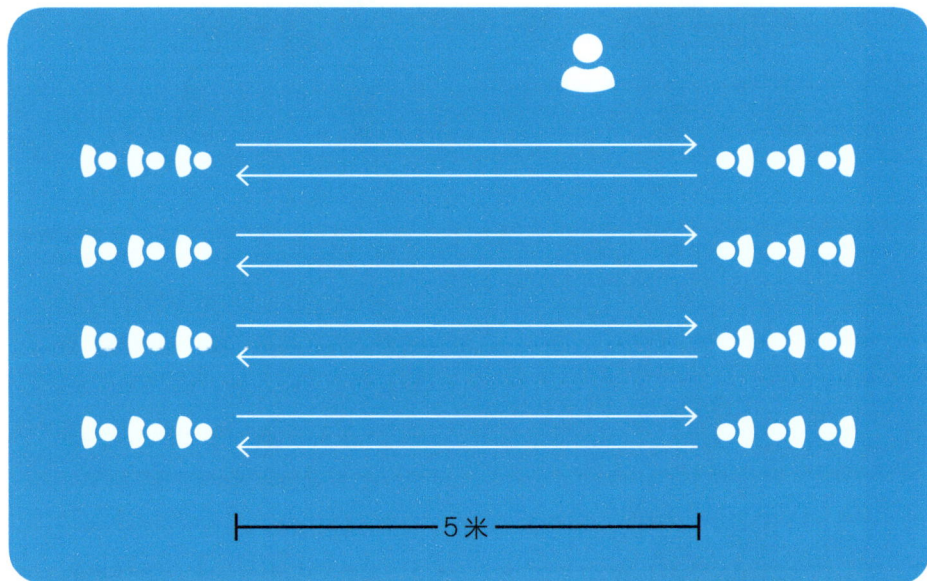

—— 5 米 ——

## 训练步骤

1. 教师发布开始指令。
2. 每队的第一名队员出发，进行纵向平板爬行接力训练，动作详解见下一页。
3. 每名学生需要完成 1 次接力训练。用时最短的队伍获胜。

## 训练要点

在熟练掌握纵向平板爬行动作的基础上，进行接力训练。在接力过程中始终保持动作标准。

## 训练规则

每队队员分成人数相等的两组，分别位于两条出发线后。学生从比赛起点处出发，不得踩线。教师发出开始指令后，场地左边的第一名队员先出发，纵向平板爬行，前进至对侧队员处，与对侧队员击掌后，对侧队员出发，如此一直进行到所有队员都完成 1 次接力训练。

## 动作详解

纵向平板爬行

**1** 尽量使头部、躯干和双腿在一条直线上

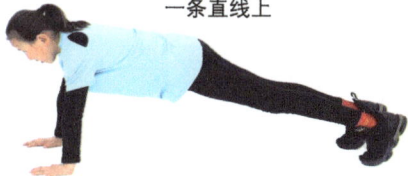

1. 双手撑地，双脚脚尖撑地，呈俯撑姿势。双臂、双腿都充分打开。双手位于肩关节的正下方。从侧面看，头部、肩部、背部、臀部、膝关节、踝关节应尽量位于同一直线上。

**2**

2. 保持核心收紧，右臂向前移动一步，左脚利用踝关节的屈伸，也向前移动一步。

**3**

3. 换左臂向前移动一步，右脚利用踝关节的屈伸，也向前移动一步。如此交替向前爬行。

**训练部位** 核心

**主要肌肉** 核心肌群

**POINT** 要点提示

整个动作过程中，保持核心收紧，使核心稳定，避免身体晃动。

## 训练 13 　搭档拍手仰卧起坐

### 基础准备

👤 2 人一组

⏱️ 8~15 分钟

🔲 瑜伽垫

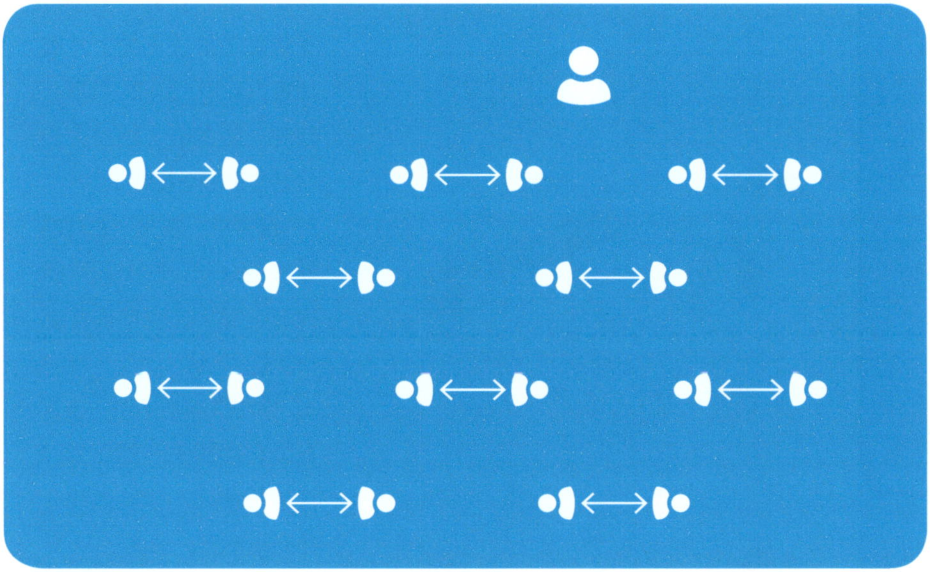

### 训练步骤

1. 教师发布开始指令。
2. 每组学生进行搭档拍手仰卧起坐训练，动作详解见下一页。
3. 每组学生均需要完成 1 轮计时训练。

### 训练要点

在熟练掌握仰卧起坐动作的基础上，进行训练。在训练过程中始终保持动作标准。

### 训练规则

学生做好准备，教师发出开始指令后，搭档同时起身做仰卧起坐，在教师计时结束后，以数量多者为胜。如果一方（或两方）上身未抬起完成拍手，则该次不能计入总数。

**动作详解**

搭档拍手仰卧起坐

**1**

核心收紧　　　　　　　　　双臂触地，肩部也触地

**2**

腹部肌肉发力

**3**

1. 两人仰卧于瑜伽垫上，脚与脚相抵，都保持双腿屈膝，头部、背部贴地，双臂向头部上方伸直，贴地。

2. 两人同时用腹部肌肉发力，屈髋，双脚、双腿保持不动，上身抬起，双臂前摆。

3. 上身完全抬离地面，两人完成拍手后，再次向后躺下，恢复初始姿势。重复动作。

**训练部位** 核心

**主要肌肉** 腹部肌群

**POINT** 要点提示

动作全程保持腹部肌肉用力。躺下时，肩胛骨触地。

# 训练 14　横向平板爬行接力

## 基础准备

👤 分成人数相等的若干队，每队 6~10 人

⏱ 8~15 分钟

🔲 无器械

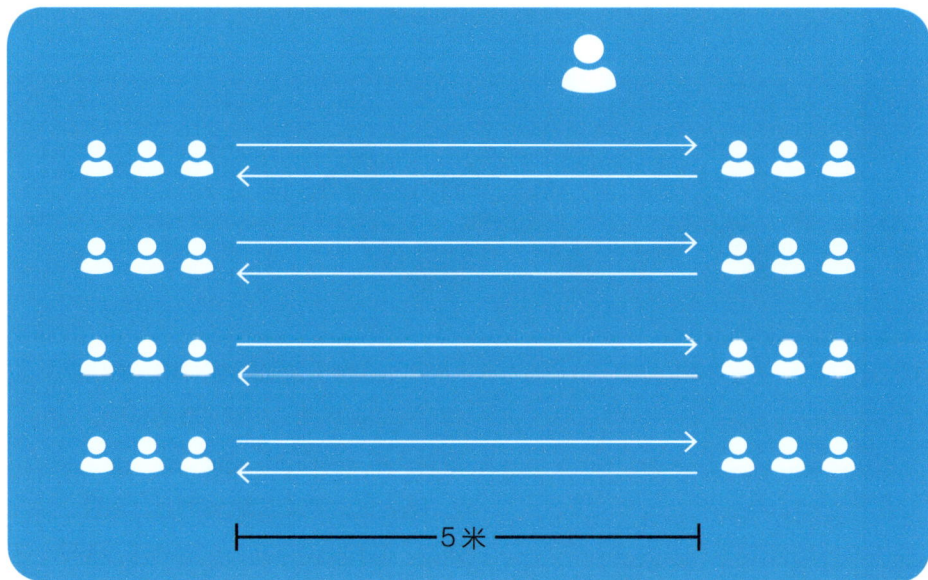

5 米

## 训练步骤

1. 教师发布开始指令。
2. 每队的第一名队员出发，进行横向平板爬行接力训练，动作详解见下一页。
3. 每名学生需要完成 1 次接力训练。用时最短的队伍获胜。

## 训练要点

在熟练掌握横向平板爬行动作的基础上，进行接力训练。在接力过程中始终保持动作标准。

## 训练规则

每队队员分成人数相等的两组，分别位于两条出发线后。学生从比赛起点处出发，不得踩线。教师发出开始指令后，每队场地左边的第一名队员先出发，前进至对侧队员处，与对侧队员击掌后，对侧队员出发，如此一直进行到所有队员都完成 1 次接力训练。

## 动作详解

横向平板爬行

**1**

保持核心收紧

**2**

**3**

1. 双手撑地，双脚脚尖撑地，呈俯撑姿势。双臂、双腿都充分打开。双手位于肩关节的正下方。从侧面看，头部、肩部、背部、臀部、膝关节、踝关节应尽量位于同一直线上。

2. 保持核心收紧，左臂和左脚同时向左移动一步。

3. 右臂和右脚同时向左移动一步。如此交替横向向左爬行。

**训练部位** 核心

**主要肌肉** 核心肌群、肩部肌群

**POINT** 要点提示

动作过程中，从侧面观察时，头部、肩部、背部、臀部、膝关节、踝关节应尽量在同一直线上。

# 训练 15 | 两人三足接力

## 基础准备

👤 2 人一组，分成人数相等的若干队

⏱ 8~15 分钟

▭ 布条

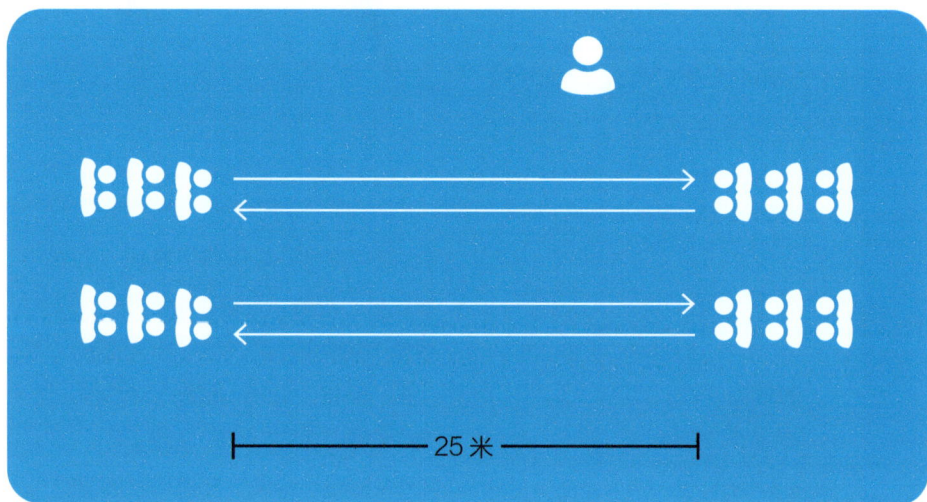

25 米

## 训练步骤

1. 教师发布开始指令。
2. 各队的第一组队员同时向前出发，进行两人三足接力训练，动作详解见下一页。
3. 每名学生需要完成 1 次接力训练。用时最短的队伍获胜。

## 训练要点

在熟练掌握两人三足动作的基础上，进行接力训练。在接力过程中注意不要摔倒。

## 训练规则

每组队员分成两部分，分别位于两条出发线后。学生从比赛起点处出发，不得踩线。教师发出开始指令后，左边第一组队员先出发，前进至对侧队员处，与对侧队员击掌后，对侧队员才能出发，如此一直进行到所有队员都完成接力训练。如果摔倒或布条脱落，需在该地点重新站起或重新绑好布条后继续前进。

## 动作详解

两人三足

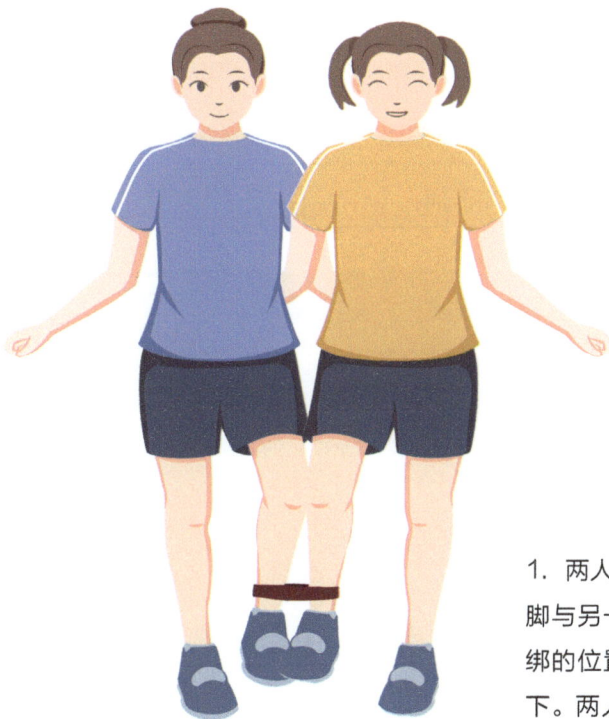

呈准备姿势时，身体
稍稍前倾

1. 两人并排站立，将一个人的右脚与另一个人的左脚绑在一起，绑的位置在脚踝以上、膝关节以下。两人互相搂住同伴的肩部或腰部。启动腿在后。身体稍稍前倾。

2. 听到出发的指令后，两人同时向前走，保持迈步节奏一致、步幅大小一致。其中一人可担任指挥，使两人的步调更一致。

3. 行走规定的距离。

**训练目标** 提升身体协调性

**主要肌肉** 下肢肌群、核心肌群

**POINT** 要点提示

两人定好先迈哪只脚，然后一人喊口号指挥，这有利于两人保持步调一致。步幅较大的学生，要注意和同伴保持相同大小的步幅。

# 训练 16　袋鼠跳接力

## 基础准备

👤 分成人数相等的若干队，每队 6~10 人

⏱ 8~15 分钟

▬ 锥形桶

5 米

## 训练步骤

1. 教师发布开始指令。
2. 每队第一名队员起跳，进行袋鼠跳接力训练，动作详解见下一页。
3. 每名学生需要完成 1 次接力训练。用时最短的队伍获胜。

## 训练要点

在熟练掌握袋鼠跳动作的基础上，进行接力训练。在接力过程中始终保持动作标准。

## 训练规则

起跳前学生们需站在起跳线后，不得踩线。教师发出开始指令后，每队第一名队员起跳，向前跳跃到折返点后绕过锥形桶回到起跳点，与接力队员击掌后接力队员才能起跳。

## 动作详解

袋鼠跳

俯身时呼气

**1**

**2**

1. 身体呈基本站姿，双臂屈曲，前臂平行于地面，双手自然下垂。

2. 俯身前倾，下肢肌肉发力，屈髋屈膝，向前跳跃。

3. 跳跃规定的距离。

**3**

**训练部位** 下肢

**主要肌肉** 下肢肌群、核心肌群

**POINT** 要点提示

模仿袋鼠跳跃的动作，找到腿部发力的感觉和跳跃的节奏感才能更好地完成动作。

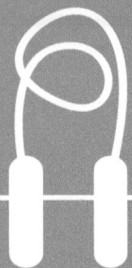

第 3 章

# 体育游戏活动

# 体育游戏活动介绍

## 注意事项

体育游戏是以游戏方式进行的体育训练，可使训练更富有趣味性，能充分调动学生参与训练的积极性。进行体育游戏时，需要注意以下事项。

安全第一。选择与 9~10 岁学生的身体素质相符的游戏，让学生树立安全意识，注意自我防护。选择的场地应平整且适合运动，场地周围不要放置具有危险性的物体，如易破碎的物体、尖锐的物体等。

由易到难。从简单游戏开始，在学生适应当前游戏难度后，再逐渐提升难度，循序渐进，让学生有一个适应的过程。

确保学生有好的身体状态与好的精神状态。保证学生营养充足、睡眠充足、体力充足，是体育游戏顺利进行的重要条件。

## 组织与管理

由于体育游戏的氛围是放松的，环境是非严肃的，相对于身体素质训练更难于管理学生，因此在组织与管理时，教师和学生需要做到以下几点，以保障游戏的顺利进行。

教师需做到：向学生讲解游戏规则、示范游戏动作，直到学生理解并学会；口令响亮，示范动作规范；合理安排游戏时间；游戏过程中时刻注意学生状态，保证学生们都在视野范围内安全有序地活动。

学生需做到：认真听讲，认真观看教师示范；有问题举手示意，不可随意大声喧哗；根据要求完成游戏，游戏过程中听从教师指令，不可随意追逐打闹或相互推搡。

# 游戏活动 1 | 小推车爬行

## 基础准备

👤 2人一组

⏱ 16~25分钟

🗄 无器材

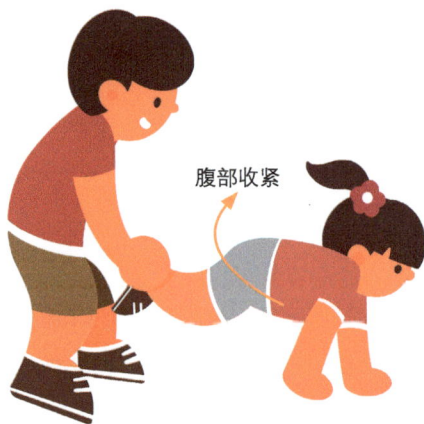

腹部收紧

## 游戏规则

两名学生互为搭档，一人俯卧，双手撑地，双脚被搭档的双手握住。在听到开始指令后，两人一起从出发点合力向前进行小推车爬行，爬行至终点后两人交换位置，再合力小推车爬行回出发点。耗时最短的小组获胜。

## 游戏要点

教师提醒学生要收紧核心，爬行的学生臀部尽量不要拱起，身体大致与地面平行。如果爬不动，可以原地稍稍休息。搭档不要将爬行学生的腿抬得太高，要配合爬行学生的速度。

## 游戏步骤

1. 教师进行组织安排。
2. 向学生讲解游戏规则。
3. 教师发布开始指令，学生进行游戏，直到所有学生都完成游戏或游戏时间结束。

# 游戏活动 2　8 字环绕

## 基础准备

👤 人数不限

⏱ 16~25 分钟

🧰 篮球

背部挺直核心收紧

五指触球

## 游戏规则

学生上身前俯，双脚分开，宽于肩宽。屈髋，屈膝，将篮球在两腿间做 8 字环绕。绕一个 8 字计数为 1。听到开始指令后，学生进行 8 字环绕，规定时间内环绕数量最多的学生获胜。

## 游戏要点

用手指触碰篮球，掌心不要触球。8 字环绕过程中，保持重心稳定，篮球不能掉落。注意不要戳伤手指。

## 游戏步骤

1. 教师进行组织安排。

2. 向学生讲解游戏规则。

3. 教师发布开始指令，学生进行游戏，直到所有学生都完成游戏或游戏时间结束。

# 游戏活动 3 | 长短宽窄

## 基础准备

👤 人数不限

⏱ 16~25 分钟

🔲 无器材

## 游戏规则

当教师喊"长"时，全体学生都向上跳起；当教师喊"短"时，全体学生都蹲下；当教师喊"宽"时，全体学生都将双臂向两侧张开；当教师喊"窄"时，全体学生都将双臂交叉于胸前。动作做错的学生被淘汰。

## 游戏要点

教师的声音要洪亮，使全体学生都能听到。学生之间保持合适的距离，做动作时要注意安全，不要碰撞到其他学生。

## 游戏步骤

1. 教师进行组织安排。
2. 向学生讲解游戏规则。
3. 教师发布开始指令，学生进行游戏，直到所有学生都被淘汰或游戏时间结束。

# 游戏活动 4 镜面游戏

## 基础准备

👤 2 人一组

⏱ 16~25 分钟

▬ 无器材

## 游戏规则

两名学生互为搭档,两人面对面,其中一人做什么动作,搭档立刻做同样的动作。动作以武术基本功动作为主,如扎马步、推掌、打拳等。搭档不能随意改变动作。如果跟随做动作的搭档反应太慢,两人互换角色。

## 游戏要点

教师要注意提醒学生在游戏中动作的标准性。相邻同学之间保持合适的距离,防止互相碰撞。

## 游戏步骤

1. 教师进行组织安排。
2. 向学生讲解游戏规则。
3. 教师发布开始指令,学生进行游戏,直到游戏时间结束。

# 游戏活动 5 | 老鹰捉小鸡

## 基础准备

👤 人数不限

⏱ 16~25 分钟

🗃 无器材

## 游戏规则

一名学生扮演"老鹰"，一名学生扮演"鸡妈妈"，其他学生扮演"小鸡"，跟在"鸡妈妈"身后排成一列。由"老鹰"追逐"小鸡"，"鸡妈妈"进行阻挡，"小鸡"跟在"鸡妈妈"身后躲闪。被抓住的"小鸡"出列，直到所有"小鸡"都被抓住或游戏时间结束。

## 游戏要点

学生排成一列跟在扮演鸡妈妈的学生身后，后面的学生用双手抓住前面学生的衣服。奔跑闪躲时要注意安全，不要碰撞到其他学生。

## 游戏步骤

1. 教师进行组织安排。
2. 向学生讲解游戏规则。
3. 教师发布开始指令，学生进行游戏，直到所有扮演小鸡的学生都被抓住或游戏时间结束。

# 游戏活动 6 顶物平衡走接力

## 基础准备

人数不限，各队人数相等

16~25 分钟

绳子或胶带，较轻的书本

眼睛看向前方

背部挺直

双臂保持平衡

## 游戏规则

教师用绳子或胶带摆成一条较窄的直道，学生头顶较轻的书本。听到开始的指令后，各队的第一名学生从起点出发，沿直道走到终点后，第二名学生从起点出发，直到全队学生都通过直道。用时最短的队伍获胜。

## 游戏要点

教师要注意学生在游戏中的体姿，提醒其背部挺直，手臂在身体两侧保持平衡，不要含胸驼背。行走过程中不要触碰到绳子或胶带。必须等前一名学生走到终点，第二名学生才能出发。

## 游戏步骤

1. 教师进行组织安排。
2. 向学生讲解游戏规则。
3. 教师发布开始指令，学生进行游戏，直到所有学生都完成游戏或游戏时间结束。

# 游戏活动 7　　夹包跳投

## 基础准备

👤 人数不限

⏱ 16~25 分钟

⚖ 胶带或绳子、沙包

投掷目标区

## 游戏规则

教师用胶带或绳子在地上摆出曲线，曲线终端设置投掷目标区（画圆或直接采用呼啦圈）。学生之间保持适当距离，双腿夹住沙包，逐一沿曲线两侧左右交替跳跃前进，到曲线终端时，双脚夹沙包投进投掷目标区内。

## 游戏要点

教师要注意学生在游戏中的体姿，提醒其背部挺直，不要含胸驼背，双臂自然打开或背在身后，帮助身体保持平衡，双脚不能触碰曲线。教师要注意控制学生之间的距离，避免学生因拥挤受伤。

## 游戏步骤

1. 教师进行组织安排。
2. 向学生讲解游戏规则。
3. 教师发布开始指令，学生进行游戏，直到所有学生都完成游戏或游戏时间结束。

# 游戏活动 8 拔河

## 基础准备

- 👤 分成人数相等的两队
- ⏱ 16~25 分钟
- ▬ 拔河绳

## 游戏规则

教师在地上画出 3 条平行线，相邻两条线间隔 2 米。中间的线为中线，两边的线为边界线。两队学生分别握紧拔河绳的两头，绳子上的标志线对准地面上的中线。听到开始的指令后，两队学生都开始向身后努力拖拽绳子，直到绳子上的标志线越过一侧的边界线。将标志线拉过己方边界线的一队获胜。

## 游戏要点

拖拽绳子时，稍稍降低重心。要跟随队友的脚步，统一节奏，避免摔跤。

## 游戏步骤

1. 教师进行组织安排。
2. 向学生讲解游戏规则。
3. 教师发布开始指令，学生进行游戏，直到一方将绳子标志线拉过己方边界线。

# 游戏活动 9 ｜ 替换球接力

## 基础准备

👤 人数不限，各队人数相等

⏱ 16~25 分钟

⚖ 篮球，粉笔，沙包

## 游戏规则

教师用粉笔画一条起跑线，在距离起跑线 20 米处画一条折返线。起跑线和折返线之间，每隔固定距离画一个圆圈，圆圈内放置一个篮球。游戏开始后，每队的第一名学生用沙包换掉第一个圆圈内的篮球，返回，和第二名学生击掌后，第二名学生用沙包换掉第二个圆圈内的篮球。如此持续进行下去，直到将所有的篮球换为沙包。先更换完成的队伍获胜。

## 游戏要点

换球时要小心，不要让篮球滚远。

## 游戏步骤

1. 教师进行组织安排。
2. 向学生讲解游戏规则。
3. 教师发布开始指令，学生进行游戏，直到所有的学生都完成游戏或游戏时间结束。

# 游戏活动 10　青蛙与害虫

## 基础准备

👤　人数不限

⏱　16~25 分钟

▭　粉笔

## 游戏规则

学生分为若干组，每组选几名学生扮演"青蛙"，其他学生扮演"害虫"。"害虫"数量要多于"青蛙"。用粉笔画一个大圆圈，"害虫"位于圈内，"青蛙"单脚跳入圈内，追逐拍打"害虫"；"害虫"双脚跳，躲开"青蛙"的拍打。被"青蛙"拍打到的"害虫"和"青蛙"互换角色，并跑到圈外，再单脚跳入圈内拍打"害虫"。

## 游戏要点

"害虫"双脚跳时，核心收紧，双手在身体两侧保持身体平衡。"青蛙"单脚跳时注意安全，可拍打"害虫"，但不要撞到"害虫"身上，悬空的脚也要注意不要踢到"害虫"。

## 游戏步骤

1. 教师进行组织安排。
2. 向学生讲解游戏规则。
3. 教师发布开始指令，学生进行游戏，直到游戏时间结束。

# 游戏活动 11 踩影子

## 基础准备

👤 人数不限

⏱ 16~25 分钟

▬ 无器材

## 游戏规则

一名学生作为追逐者，其他学生作为躲避者，追逐者去踩其他学生的影子，并且大声喊出被踩学生的名字。影子被踩住的学生需要暂时退出游戏，其他学生继续游戏，直到所有躲避者的影子都被踩住或游戏时间结束。

## 游戏要点

奔跑闪躲时要注意安全，不要碰撞到其他学生。

## 游戏步骤

1. 教师进行组织安排。
2. 向学生讲解游戏规则。
3. 教师发布开始指令，学生进行游戏，直到所有躲避者都被淘汰或游戏时间结束。

# 游戏活动 12 闭眼直线行走接力

## 基础准备

👤 人数不限，各队人数相等

⏱️ 16~25 分钟

▭ 胶带或 A4 纸

双臂侧向打开

## 游戏规则

每队的第一名学生在出发线后站好，在听到开始的指令后出发，闭上眼睛，沿直线向前走，双臂向两侧打开保持平衡。走到终点后，第二名同学出发。学生与学生之间进行接力，耗时最短的队获胜。

## 游戏要点

用胶带在地面上贴出一条直线，或者用 A4 纸在地上沿直线相接摆放。教师要提醒学生沿直线前行，核心收紧，双臂打开保持平衡。学生在到达终点时，教师要及时提醒。

## 游戏步骤

1. 教师进行组织安排。
2. 向学生讲解游戏规则。
3. 教师发布开始指令，学生进行游戏，直到所有学生都完成游戏或游戏时间结束。

# 游戏活动 13 | 贴膏药

## 基础准备

👤 人数不限

⏱ 16~25 分钟

▬ 无器材

## 游戏规则

所有学生围成一个圆圈站好，每 2 名学生贴近一些，成为一组。教师选一组学生进入圈内，一人跑，一人追逐，被追逐的学生可以随时贴向圆圈上任何一组学生中的一个，则该组另一名学生代替贴过来的被追逐者进入圈内，变为新的被追逐者。如果被追逐者被追上，则与追逐者互换角色，继续进行游戏。

## 游戏要点

教师要注意提醒学生，被追逐者在游戏中应尽量贴向不同学生，为其他学生创造游戏机会。奔跑闪躲时要注意安全，不要碰撞到其他学生。

## 游戏步骤

1. 教师进行组织安排。
2. 向学生讲解游戏规则。
3. 教师发布开始指令，学生进行游戏，直到游戏时间结束。

# 游戏活动 14 | 听数来抱团

## 基础准备

👤 人数不限

⏱ 16~25 分钟

▬ 无器材

## 游戏规则

所有学生围成一个圆圈，并沿着圆圈慢慢跑动。教师随机喊出一个数字，距离最近的几名学生根据听到的数字抱成一团（如教师喊 3，则 3 名学生抱成一团），没有成功抱团的学生被淘汰。人数较少时，教师可每次喊 2 或 3，最后留下的学生获胜。

## 游戏要点

教师要注意提醒学生在游戏中保持均匀间距沿圆圈跑动。奔跑闪躲时要注意安全，不要碰撞到其他学生。

## 游戏步骤

1. 教师进行组织安排。
2. 向学生讲解游戏规则。
3. 教师发布开始指令，学生进行游戏，直到大部分学生被淘汰或游戏时间结束。

# 游戏活动 15　平衡考验接力

## 基础准备

👤 人数不限，各队人数相等

⏱ 16~25 分钟

🗳 平衡木，沙包，较轻的书本

核心收紧　　缓慢下降

## 游戏规则

每队的第一名学生在平衡木上站好，双腿肌肉收紧，目视前方，头顶重量较轻的物品。学生前行至平衡木中间位置时，缓慢下蹲捡起平衡木上的沙包，走到终点。然后第二名学生开始出发。学生与学生之间进行接力，耗时最短的队获胜。

## 游戏要点

教师要提醒学生在游戏中保持正确姿势，背部挺直，不要含胸驼背，这样可以让身体保持平衡。下蹲时保持核心收紧，动作要慢。如果要降低游戏难度，可用胶带在地上粘贴出长度、宽度合适的标志代替平衡木。

## 游戏步骤

1. 教师进行组织安排。
2. 向学生讲解游戏规则。
3. 教师发布开始指令，学生进行游戏，直到所有学生都完成平衡考验或游戏结束时间。

# 游戏活动 16 | 搭档掷沙包

## 基础准备

👤 2 人一组

⏱ 16~25 分钟

🗔 沙包

体侧传递

头顶—胯下传递

## 游戏规则

两名学生背对背站立，传递沙包，进行搭档掷沙包。传递形式有两种。体侧传递：从身体一侧传给搭档，搭档从身体另一侧再传回。头顶—胯下传递：从头顶传给搭档，搭档从胯下传回。规定时间内，按照体侧传递、头顶—胯下传递的顺序循环传递沙包，累计次数最多的小组获胜。

## 游戏要点

教师要提醒学生注意保持平衡，防止摔倒。组与组之间保持足够的距离和空间，防止互相触碰。

## 游戏步骤

1. 教师进行组织安排。
2. 向学生讲解游戏规则。
3. 教师发布开始指令，学生进行游戏，直到游戏时间结束。

# 第4章

## 动作练习

# 热身与放松介绍
## 重要性

  热身是训练之前需要进行的环节，在运动员专业训练中也叫做"动作准备"。热身可以提升人体的体温，增强关节的灵活性，使肌肉和韧带更具有柔韧性，从而为接下来的训练做好身体准备，有利于提升运动表现，减少运动损伤。热身还能让学生有一个心理适应过程，让学生快速进入训练状态，提升训练效果。

  放松是训练之后需要进行的环节，在运动员专业训练中也叫做"再生恢复"。训练完成之后，身体的肌肉还处于紧缩状态，并且肌肉在消耗能量的过程中，会产生乳酸，给身体带来酸痛感。在训练之后进行放松，能拉伸肌肉，使肌肉得到放松，恢复原有的长度，并且能加速新陈代谢，加快代谢废物排出体外的过程，减少身体的酸痛感。

## 注意事项

  热身的注意事项：

  1. 热身时长控制在 15 分钟左右，强度控制在使身体稍稍出汗。但针对不同的学生，热身时长和强度可稍有区别。如对于身体强壮的学生，热身强度可稍高一些；而对于身体较弱的学生，热身的时长和强度都要降低一些。

  2. 热身场地要平整，周围不能有障碍物。教师要时刻注意学生的整体状况，一旦发现有身体不适的学生，应及时让其停止热身，休息调整。

  放松的注意事项：

  1. 参与训练的主要肌肉都要拉伸到。拉伸时力度不要过大，拉伸程度为中等。

  2. 静态拉伸动作要求在动作的顶点保持 10~30 秒，使肌肉得到充分的拉伸。

  3. 除了用拉伸动作来放松之外，使用泡沫轴等按摩工具，也可以起到放松作用。

## 训练计划说明

  热身和放松要按照训练计划进行。本书中的热身与放松动作，每个动作需要重复多少次、保持多长时间或行进多长距离，可参照第 1 章"课程组织方案"中的"热身活动"与"放松活动"。每次训练课热身与放松动作的选择搭配，也同样可参照第 1 章"课程组织方案"中的"热身活动"与"放松活动"。教师既可以按照给出的训练计划安排教学，也可以根据实际场地情况以及学生的状态选择类似的热身与放松动作替换。

# 相扑式深蹲

**训练部位** 下肢、臀部

**主要肌肉** 大腿腘绳肌、腹股沟

## POINT ▶ 要点提示

保持背部挺直，脚后跟不要离地，肘关节在膝盖内侧，起身时下腰背和股四头肌发力。

## 动作步骤

**1** 1. 身体直立，双脚间距与肩同宽，腹部收紧，挺胸抬头。

2. 身体前倾，双臂伸直，双手触及双脚脚尖。

3. 身体下蹲，双腿屈膝，双手抓住双脚脚尖，保持背部挺直。

4. 双手不动，臀部上提直至腘绳肌有中等程度的牵拉感，拉伸动作持续 1~2 秒。

5. 如果感觉比较轻松，可以增加难度，用双手抓住双脚脚尖缓慢用力上拉，同时双膝伸直。

6. 恢复初始动作，循环进行，直至完成规定次数。

**2**

**3**

**4**

**5**

**6**

# 毛毛虫爬行

**训练部位** 躯干、下肢、核心

**主要肌肉** 腘绳肌、腓肠肌

**POINT** 要点提示

保持膝关节伸直，腹部收紧，肩与核心发力。可通过将双手超过头顶正下方的位置来增加难度。

## 动作步骤

1. 身体直立，双脚间距与肩同宽，腹部收紧，挺胸抬头，目视前方。
2. 屈髋弯腰，双臂伸直向下，双腿伸直。
3. 双手撑地，指尖朝前，向身体前方移动。

双臂伸直

4. 双腿尽量保持伸直状态，始终感觉腿部后侧肌肉有较强的牵拉感，双手移至头部正下方，直至无法继续向前。
5. 双臂不动，双腿伸直，双脚向双手方向行走，直至无法移动。
6. 恢复初始姿势，重复进行，直至完成规定次数。

# 向后分腿蹲

**训练部位** 腿部、腹部、髋部

**主要肌肉** 腘绳肌、腹直肌、髂腰肌

手臂上举时要贴耳。躯干前倾幅度以双手不超过前脚脚后跟为宜。

## 动作步骤

全程保持均匀呼吸

脊柱向后伸展

1. 双脚并拢站立，挺胸直背，目视前方，双臂自然垂于身体两侧。
2. 一侧脚向后迈出，前侧腿屈曲至大腿与地面平行，后侧腿屈曲至小腿与地面平行。
3. 双臂伸直举过头顶，脊柱向后伸展。

伸膝，感受拉伸

4. 双臂向前、向下伸展，双手指尖触碰地面。
5. 伸直前侧腿膝关节至大腿后侧有一定程度的牵拉感。回到起始姿势，换至对侧重复以上步骤。重复规定的次数。

# 抱膝前进

**训练部位** 下肢、臀部

**主要肌肉** 前侧腿的臀大肌和腘绳肌、
后侧腿的髋关节屈肌

在拉伸过程中保持背部挺直，收紧支撑腿一侧的臀大肌。

## 动作步骤

脚尖勾起

1. 身体直立，双脚间距与肩同宽，腹部收紧，抬头挺胸，目视前方。

2. 右膝抬至胸前，双手抱膝向上提拉，右脚脚尖勾起；左脚全脚掌撑地，收紧支撑腿一侧的臀大肌；保持背部挺直，拉伸动作持续 1~2 秒。

3. 右脚向前落地换至对侧，两脚交替进行，直至完成规定次数。

# 侧弓步移动

| | |
|---|---|
| **训练部位** | 下肢、髋部 |
| **主要肌肉** | 大腿内侧肌群、股四头肌、髂腰肌 |

**POINT 要点提示**

保持背部挺直，脚尖始终向前，保持重心稳定且膝关节不要超过脚尖。

## 动作步骤

**1**

**2**

腿部伸直

1. 身体直立，双脚间距与肩同宽，腹部收紧，挺胸抬头，目视前方。
2. 右脚向右侧迈步，呈侧弓步，身体重心移至右腿；双脚脚尖朝前，全脚掌贴地。双臂前平举，与肩同高，掌心朝下；同时下蹲，保持左腿伸直，拉伸动作持续 1~2 秒。

**3**

**4**

重心在弓步一侧

3. 恢复起始动作。
4. 换另一侧完成侧弓步动作。双腿循环交替进行，直至完成规定次数。也可以将原地左右迈步改为向左右两侧行进的动态动作。

# 站姿 Y 字

**训练部位** 上肢、肩部、背部

**主要肌肉** 肩部和上背部肌群

**POINT** 要点提示

保持背部挺直、拇指朝上，肩胛骨收紧后抬起手臂。

**动作步骤**

背部挺直

1. 身体直立，双脚间距略比肩宽，腹部收紧，挺胸抬头，目视前方。

2. 双膝微屈，膝盖不超过脚尖；屈髋，背部挺直，双臂下垂置于身前，双手握拳，拳心相对，拇指伸直。

3. 双侧肩胛骨向下、向内收紧；双臂抬起举过头顶，拇指朝上，与躯干呈"Y"字形。恢复初始姿势，重复进行，直至完成规定次数。

# 后交叉弓步

| | |
|---|---|
| **训练部位** | 下肢、臀部 |
| **主要肌肉** | 阔筋膜张肌、臀大肌、髂胫束 |

**POINT　要点提示**

全程核心收紧，尤其是下蹲与起身时。眼睛始终看向前方。注意下蹲时，身体重心依靠前脚支撑，且前腿膝关节不能超过脚尖。

## 动作步骤

**1**

全程核心收紧

**2**

**3**

下蹲时重心位于前脚

**4**

**5**

1. 保持正直站立姿势，双脚分开，约与肩同宽，双臂向前打开，伸直，目视前方。
2. 躯干和双臂不动，核心收紧。右脚向左后方迈一步，落于左脚的左后方，屈膝，屈髋，呈半蹲姿势。
3. 继续屈膝，降低身体重心，右膝几乎贴向地面。
4. 保持核心收紧，双腿慢慢直立，身体重心上升。
5. 恢复为站立姿势，双臂放下。重复动作。另一侧动作要求相同。

# 向后弓步旋转

**训练部位** 胸椎、躯干、髋部

**主要肌肉** 髋关节屈肌、臀大肌、腹内斜肌、腹外斜肌

**POINT** 要点提示

前腿膝关节不要超过脚尖，拉伸时收紧臀大肌。

## 动作步骤

左腿弯曲 90 度

1. 身体直立，双脚间距与肩同宽，腹部收紧，抬头挺胸，目视前方。
2. 右脚向后跨步呈弓步分腿蹲姿势，前脚掌撑地，左腿大腿与地面基本保持平行；双手交叉置于左腿大腿上。
3. 躯干慢慢向左侧旋转至最大限度，同时左臂随躯干向身体后方外展，目视左手，右手置于左腿大腿外侧，拉伸动作持续 1~2 秒。恢复初始姿势，换至对侧，重复进行，直至完成规定次数。

# 最伟大拉伸

| 训练部位 | 全身 |
|---|---|

| 主要肌肉 | 髋关节肌群、腘绳肌、腓肠肌、臀大肌 |
|---|---|

## POINT 要点提示

动作全程始终保持核心收紧。手臂向上伸展时，要完全打开，且后腿伸直。

## 动作步骤

两臂在一条直线上

1. 直立，双脚分开，约与肩同宽，两臂自然放在身体两侧，目视前方。

2. 右腿支撑身体，左腿屈膝抬起。

3. 左腿向身体前方跨出一大步，屈膝 90 度，右腿伸直，呈弓步姿势。右臂伸直撑地，左臂屈肘贴向左脚内侧的地面，保持动作 1~2 秒。

4. 左臂从左脚内侧向左上方打开，并伸直，胸部向左侧打开直到与右臂在同一直线上，保持动作 1~2 秒。

5. 落下左臂，保持双脚位置不动，重心后移，至左腿伸直。恢复初始姿势。换对侧重复相同动作，完成规定次数。

# 垫步直腿跳

**训练部位** 全身

**主要肌肉** 肩部肌群、髋部肌群、小腿三头肌

## 动作步骤

**1**

**2** 触摸脚尖 · 背部挺直

**3** 核心收紧

1. 保持正直站立姿势，双脚略分开，双臂自然下垂，置于身体两侧，目视前方。

2. 核心收紧，右腿蹬地发力，跳起，左腿上抬，膝关节微屈，同时右臂向前打开，尽量触摸左脚尖。左臂配合后摆，保持身体平衡。

3. 左腿落下，蹬地发力，跳起，右腿上抬，同时左臂向前打开，尽量触摸右脚尖。右臂配合后摆，保持身体平衡。如此交替进行，重复动作。

# 大字两侧屈

**训练部位** 核心、胸部

**主要肌肉** 核心肌群、胸肌

**POINT** ▶ 要点提示

即使身体前屈 90 度时，也要始终保持背部挺直，收紧核心，手臂充分伸展打开。

## 动作步骤

手臂向斜上
方伸展

1. 呈站立姿势，核心收紧，腰背挺直，双脚分开，略宽于肩，双臂伸直并自然垂于身体两侧，挺胸抬头，目视前方。

2. 双臂同时侧平举，保持双臂与地面平行，身体呈"大"字形。核心发力，上身向一侧转动，同时俯身，双臂保持伸直，一只手触碰对侧脚尖，另一侧手臂向斜上方伸展。回到起始姿势，换对侧重复相同动作。完成规定的次数。

# 徒手蹲双脚跳

| 训练部位 | 腿部、臀部 |
| --- | --- |
| 主要肌肉 | 股四头肌、腓肠肌、胫骨前肌、臀大肌、腘绳肌 |

**POINT** 要点提示

始终保持背部挺直，身体跃起时核心收紧。下蹲时，膝关节不能超过脚尖。

## 动作步骤

**1**　**2**　**3**　**4**

核心收紧

背部挺直

**5**

1. 保持正直站立姿势，双脚分开，约与肩同宽，双臂自然下垂，置于身体两侧，目视前方。
2. 保持身体姿势不变，双臂屈肘抬起，双手放在头部后方。
3. 核心收紧，屈膝、屈髋，半蹲，上身前俯。
4. 双腿发力，身体向上跃起。
5. 下落为半蹲姿势，然后恢复初始姿势。重复动作。

# 踝关节八字跳

**训练部位** 下肢、脚踝

**主要肌肉** 髋部肌群、小腿三头肌

**POINT** 要点提示

在动作过程中，保持腹部收紧，背部挺直，跳动时要保持身体平衡。

## 动作步骤

1 腹部收紧

2 呈内八字

3 呈外八字

1. 直立，双脚间距约与肩同宽，双臂自然垂于身体两侧。

2. 双脚脚跟外展呈内八字，并向一侧跳动。

3. 双脚脚尖外展呈外八字，并继续向同一侧跳动，完成一次动作。重复跳动，完成规定的次数。

# 对侧肘碰膝垫步跳

| 训练部位 | 全身 |

| 主要肌肉 | 髋部肌群、小腿三 |
| | 头肌 |

**POINT** 要点提示

动作全程始终保持背部挺直，核心收紧。支撑脚可在原地做垫步，辅助对侧腿用力上抬。

## 动作步骤

1. 保持正直站立姿势，双脚分开，双臂自然下垂，置于身体两侧，目视前方。

2. 核心收紧，右腿蹬地发力，可做垫步，左腿屈膝上抬，使膝关节尽量靠近胸部，同时右臂向胸前屈肘，使肘关节触碰到左腿膝关节。

3. 左腿落下，换右腿屈膝上抬，同时左臂向胸前屈肘，和右腿膝关节触碰。重复动作。

肘膝触碰

原地垫步

**1** **2** **3**

# 波比跳

训练部位　全身

主要肌肉　核心肌群、下肢肌群、
　　　　　上肢肌群

**POINT**　要点提示

后背始终保持挺直。下蹲做俯卧撑动作时，核心收紧。

## 动作步骤

**2**

**3**　头部、肩部、臀部、踝关节呈一条直线

**1**

**5**

**4**

**6**

1. 保持正直站立姿势，双脚略分开，双臂自然下垂，置于身体两侧，目视前方。

2. 下蹲，脚尖点地，双手撑地。

3. 双手撑地，双腿发力向后蹬，呈俯撑姿势，然后做一个俯卧撑动作。

4. 双脚蹬地发力，向前收回双腿，恢复下蹲姿势。

5. 跳起，身体伸展打开，双臂举向头顶，伸直，击掌。

6. 恢复初始姿势。重复动作。

# 碎步跑

| 训练部位 | 下肢、神经系统 |
| --- | --- |
| 主要肌肉 | 股四头肌、小腿三头肌、臀肌、踝部肌群 |

## POINT 要点提示

始终保持背部挺直，核心收紧。动作由慢转快，最终达到最快跑动频率。双臂前后摆动，避免左右摆动。

## 动作步骤

双臂前后摆动，配合下肢运动

背部始终保持挺直

保持核心收紧

双腿跑动频率逐渐加快，达到最快频率

身体呈运动姿势，双脚一前一后，距离约等于肩宽，身体重心位于前脚；双臂配合在身体两侧前后摆动；背部始终保持挺直。保持这种姿势，刚开始以慢节奏碎步跑，然后逐渐变为快节奏碎步跑，并达到最快频率。以最快频率持续跑几秒后再改为慢节奏碎步跑。注意双臂协调地配合下肢运动。

# 开合跳

**训练部位** 全身

**主要肌肉** 股四头肌、小腿三头肌、

腓肠肌、比目鱼肌

**POINT** **要点提示**

动作全程始终保持背部挺直，核心收紧。双臂完全打开，膝关节伸展。落地时注意脚尖触地。

## 动作步骤

1. 保持正直站立姿势，双脚分开，距离小于肩宽，双臂自然下垂，置于身体两侧，目视前方。

2. 身体保持挺直，双脚向身体两侧跳开，脚尖触地，同时，双臂先后向两侧、头顶打开，在头顶上方击掌；然后两脚并拢，双臂同时下摆至身体两侧。重复动作。

双臂抬至头顶，
击掌后下降

核心收紧

脚尖触地

**1**

**2**

# 站姿 L 字

**训练部位** 背部、肩部

**主要肌肉** 菱形肌、斜方肌、
肩袖肌群

**POINT** 要点提示

背部始终保持挺直，核心收紧，注意动作与呼吸的配合。依靠肩关节的转动抬臂。注意不要耸肩。

## 动作步骤

1. 保持正直站立姿势，双脚间距与肩同宽，双臂自然下垂，置于身体两侧，目视前方。

2. 上身前倾，屈膝，屈髋，使大腿与躯干夹角为 90 度。双臂伸直放在身前，双手握拳，拇指上指。

3. 肩胛骨收紧，双臂屈肘，向身体两侧抬起。

4. 保持屈肘 90 度，肩关节转动，带动前臂上抬，直至双臂与躯干位于同一平面。拇指上指，单臂呈 "L" 字形。

5. 恢复初始姿势。重复动作。

背部挺直

# 身体向上向下伸展

**训练部位** 背部、大腿

**主要肌肉** 背部肌群、腘绳肌

## POINT 要点提示

背部始终保持挺直，双腿始终保持伸直。收紧核心，注意动作与呼吸的配合。向上、向下伸展时尽量拉伸至最大幅度。

## 动作步骤

1. 保持正直站立姿势，双脚并立，双臂自然下垂，置于身体两侧，目视前方。

2. 保持躯干和下肢不动，双臂向头部上方举起，直至双手相合。保持手臂伸直，拉伸至最大幅度。

3. 保持双手相合、双臂伸直状态，上身前屈，双臂向下伸直，拉伸至最大幅度。双腿始终保持伸直。

4. 起身，恢复初始姿势。

1  2  3  4

核心收紧

背部挺直

双腿始终保持伸直

# 登山步

| 训练部位 | 核心、臀部、大腿 |
|---|---|
| 主要肌肉 | 髂腰肌、腹直肌、臀大肌、股四头肌 |

## POINT 要点提示

动作全程始终保持核心收紧。向前做登山动作的腿，膝盖不能着地。

## 动作步骤

1. 呈俯撑准备姿势，双臂伸直，双腿伸直，核心收紧，使身体稳定。

2. 保持上身姿势不变，右腿向前屈膝抬起，膝盖不能着地，然后右腿向后恢复为初始姿势。换左腿向前屈膝抬起，然后恢复。如此双腿交替做登山步动作，完成规定次数。

**1**

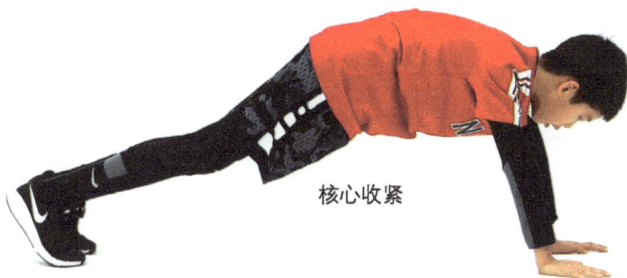

核心收紧

**2**

# 垫步直臂绕环

| 训练部位 | 全身 |
| --- | --- |
| 主要肌肉 | 臀大肌、髂腰肌、股四头肌、腓肠肌、<br>比目鱼肌、核心肌群、肩部肌群 |

**POINT** 要点提示

脚蹬地时双臂随之从后向前摆过头顶。落地时双臂随之向前下摆。注意保持上下肢动作的协调性与节奏性。

## 动作步骤

1. 抬头挺胸，身体呈直立站姿。目视前方，双臂自然垂于身体两侧。
2. 一侧腿微屈向前迈一步，脚尖向前身体重心前移；目视前方，呈垫步姿。
3. 支撑腿蹬地发力，另一侧腿屈膝屈髋上提至大腿与地面接近平行，同时双臂从后向前摆过头顶伸直，身体前倾。

4. 抬起腿落地的同时用力蹬地，支撑腿屈髋屈膝上提至大腿与地面接近平行，继续向前做垫步动作，双臂同时下摆至体侧，完成一个手臂环绕动作。
5. 完成规定次数或距离。

# 燕式平衡 + 体前屈

**训练部位** 全身

**主要肌肉** 臀大肌、腘绳肌、竖脊肌、

核心肌群

## 动作步骤

抬起的腿与背部呈一条直线

指腹撑地

1. 抬头挺胸，身体呈直立站姿。目视前方，双臂自然垂于身体两侧。

2. 双臂侧平举，与躯干呈 90 度角。向前俯身并将一侧腿后抬，后抬腿和躯干呈与地面平行的一条直线，另一侧腿微屈单脚掌撑地。

3. 屈髋俯身，双臂手指指腹撑地，上半身呈倾斜状，腹部收紧，支撑腿屈膝，后抬腿保持不变。回到起始姿势，换对侧重复以上步骤，完成规定次数。

# 十字向心跳

**训练部位** 下肢

**主要肌肉** 臀大肌、股四头肌、
腘绳肌

动作全程始终保持核心收紧，重心稳定。两脚同时落地，落地时脚尖先着地，微微屈膝缓冲。

## 动作步骤

1. 身体呈直立姿站立，双脚并拢，双手叉腰。站在用十字分开的一块区域内（A区域）。

2. 双脚蹬地从A区域跳向B区域。

3. 双脚蹬地从B区域跳向C区域。

4. 双脚蹬地从C区域跳向D区域。重复以上步骤，并完成规定的次数。

# 高抬腿

**训练部位** 下肢

**主要肌肉** 股四头肌、腓肠肌、比目鱼肌、

核心肌群

**POINT** 要点提示

抬起一侧的腿尽量上抬，大腿与地面平行，换腿动作要迅速。

## 动作步骤

1. 抬头挺胸，身体呈直立站姿。目视前方，双臂自然垂于身体两侧。

2. 保持躯干挺直，抬一侧腿屈髋屈膝至大腿与地面接近平行，同侧手臂自然后摆。对侧手臂屈肘，上摆至胸前。

3. 抬起腿落地的同时，换另一侧完成该动作，双腿交替进行，完成规定次数。

大腿与地面平行

快速换腿

# 侧卧股四头肌拉伸

**训练部位** 下肢

**主要肌肉** 股四头肌、屈髋肌群

## 动作步骤

**1**

1. 身体呈右侧卧姿，头枕于右臂上；左侧屈髋屈膝，左臂伸直，左手握住左脚脚踝，左腿屈膝。

**2**

拉向臀部

**3**

手握脚踝

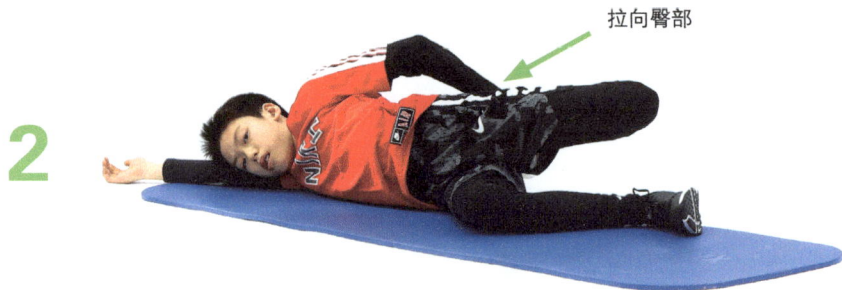

2. 左手置于左脚脚踝，将左腿向左侧臀部拉，直至左腿股四头肌和屈髋肌群有中等程度的牵拉感，保持规定的时间。

3. 恢复初始动作，换至对侧，双腿交替直至完成规定次数。

# 站姿股四头肌拉伸

**训练部位** 腿部、臀部

**主要肌肉** 股四头肌

## POINT 要点提示

全程核心收紧，背部挺直。拉伸速度不要太快，注意力度。

## 动作步骤

1. 保持正直站立姿势，双脚稍稍打开，双臂自然下垂，置于身体两侧，目视前方。

2. 左臂向上打开伸直。左腿撑地，右腿屈膝，右手握右脚踝，向臀部方向拉伸，使大腿前侧肌肉感受到中等程度的拉伸。保持动作一段时间。

3. 恢复初始姿势。按照同样的要求拉伸左腿股四头肌。也可以双腿交替拉伸前进，变成动态动作。

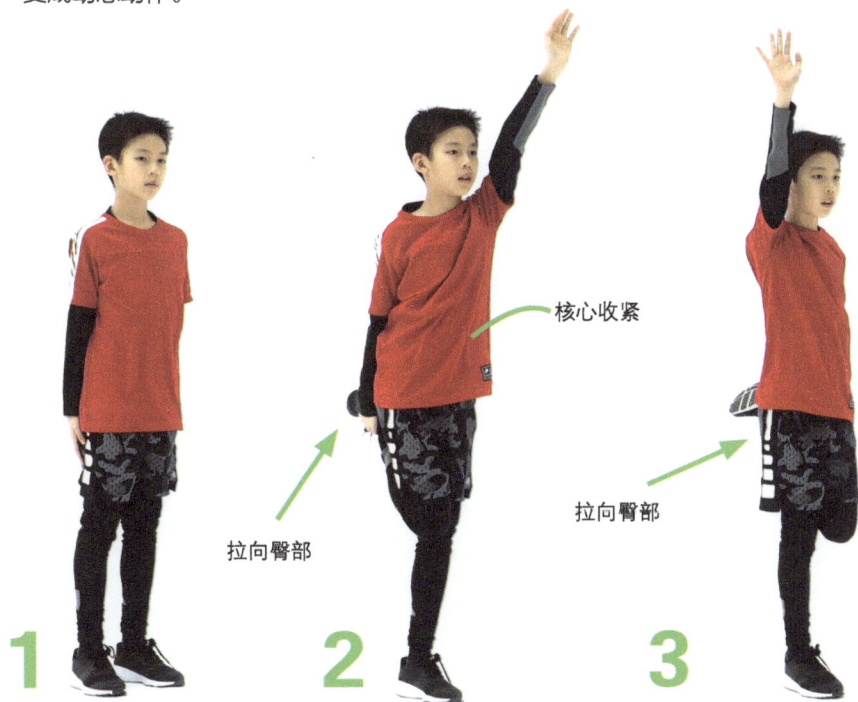

核心收紧

拉向臀部

拉向臀部

1  2  3

# 眼镜蛇式

**训练部位** 躯干

**主要肌肉** 腹部、腰部

## POINT 要点提示

当双手从地板上推起身体时，呼气；当回到起始姿势时，吸气。

## 动作步骤

1. 呈俯卧姿，胸部尽量贴近地面；双臂屈肘置于胸部两侧，双手与前臂触地支撑躯干。

2. 下肢不动，双臂伸直，将胸部推离地面，目视前方，直至腹肌有一定程度的拉伸感。保持动作一定时间。

**1**

**2** 将胸部推离地面

# 内收肌坐式拉伸

**训练部位** 髋部、大腿

**主要肌肉** 内收肌、髋肌

**POINT** 要点提示

全程核心收紧，背部挺直。上身下压速度不要太快，注意力度。

## 动作步骤

1. 身体呈坐姿，屈双膝，双脚脚心相贴。背部挺直，双臂屈肘，双手分别握住双脚踝关节，并将前臂分别压在大腿膝关节内侧。

2. 保持背部挺直，头部、上身一起向双腿方向下压靠近，使内收肌感受到中等程度的拉伸。保持动作一段时间。

头部、胸部向双腿靠拢

# 猫狗式

| | |
|---|---|
| **训练部位** | 胸椎 |
| **主要肌肉** | 背阔肌、菱形肌、腹肌、肩部肌群 |

**POINT** ▶ 要点提示

注意动作与呼吸的配合，不要憋气。

## 动作步骤

1. 呈俯身跪姿，双臂伸直，双手撑地，指尖朝前；背部挺直，与地面基本平行；目视双手方向。

2. 呼气，腰背部尽可能地向下弯曲，头部抬起，拉伸动作保持 2 秒左右。

3. 收腹收臀的同时吸气，腰背部尽可能地向上拱起，拉伸动作保持 2 秒左右。再重复步骤 2、3 的动作，完成规定次数。

1

2

3

# 4 字拉伸

**训练部位** 臀部、下肢

**主要肌肉** 臀肌、梨状肌

**POINT** 要点提示

当双手抱住大腿拉向胸部时，深呼气。在保持拉伸过程中，均匀地呼吸。

## 动作步骤

**1**

**2** 将大腿拉向胸部

1. 身体呈仰卧姿，双腿弯曲，右脚交叉置于左腿大腿上，呈 "4" 字形；双手交叉抱住左腿大腿，将左腿抬离地面。

2. 双手继续抱住左腿大腿并拉向胸部，直至目标肌肉有中等程度的牵拉感。保持拉伸动作，直至达到规定时间。对侧亦然。

# 屈伸手腕

**训练部位**　手腕

**主要肌肉**　屈腕肌群

**POINT** ▶ **要点提示**

当手拉向身体方向时，深呼气。在拉伸过程中，均匀地呼吸。

## 动作步骤

**1**

**2**

**3**

拉伸时均匀呼吸

1. 身体直立，双脚间距略比肩宽，腹部收紧，挺胸抬头，目视前方。

2. 双臂前平举，左手抓住右手的手指，右手手指朝下、掌心朝内，左手向身体方向拉动右手手指，直至腕部屈肌有中等程度的牵拉感。

3. 右手手指朝上、掌心朝外，左手抓住右手手指向身体方向拉动，直至腕部伸肌有中等程度的牵拉感。换对侧重复相同动作。

# 单腿屈髋

**训练部位** 大腿

**主要肌肉** 腘绳肌

## 动作步骤

1. 左脚在前，右脚在后站立。左脚跟撑地，左腿尽量伸直。右腿微屈以支撑身体，双手置于右腿膝关节上方。

2. 腿部不动，俯身直至腘绳肌有中等程度的拉伸感。保持拉伸动作，直至达到规定的时间。对侧亦然。也可以多次快速重复该动作，变成动态动作。

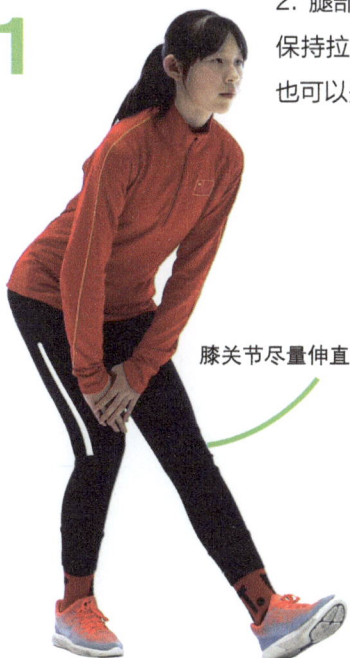

膝关节尽量伸直

脚跟撑地

俯身

# 三角肌后束拉伸

**训练部位** 肩部

**主要肌肉** 三角肌后束

**POINT** 要点提示

动作全程始终保持背部挺直，核心收紧。

## 动作步骤

1. 保持正直站立姿势，双脚打开，距离约同肩宽，双臂自然下垂，置于身体两侧，目视前方。

2. 保持核心收紧，身体姿势不变，右臂在身前屈肘，前臂向上，左臂放在右臂内侧，然后右臂将左臂向身体方向拉伸。保持动作一段时间。

3. 换左臂在身前屈肘，前臂向上，右臂放在左臂内侧，然后左臂将右臂向身体方向拉伸。保持动作一段时间。

核心收紧

1 2 3

# 腓肠肌拉伸

**训练部位** 小腿

**主要肌肉** 腓肠肌

**POINT** 要点提示

后脚脚跟尽可能踩地。可通过加大前侧腿膝关节的屈曲角度来增加拉伸程度。

## 动作步骤

均匀呼吸，并随着拉伸程度的增加加深呼吸深度

呈弓步姿势，躯干挺直，前侧腿屈膝屈髋，后侧腿伸直。躯干保持挺直，身体重心前移，使后侧脚的踝关节背屈，直至小腿肌肉有一定程度的牵拉感。保持拉伸动作至规定的时间。换至对侧重复上述动作。

# 手臂后伸屈肘后推

**训练部位** 手臂

**主要肌肉** 肱三头肌

**POINT** ▶ **要点提示**

动作全程始终保持背部挺直，核心收紧。

## 动作步骤

1. 保持正直站立姿势，双脚打开，距离约同肩宽，双臂自然下垂，置于身体两侧，目视前方。

2. 保持核心收紧，右臂向上屈肘，右手放在右肩位置。

3. 左手扶右臂，并向身后推压，使肱三头肌感受到中等程度的拉伸，保持动作一段时间，然后恢复初始姿势。换左臂做同样的动作。

右臂向身后屈肘

核心收紧

保持动作

**1**　**2**　**3**

# 菱形肌拉伸

**训练部位** 背部

**主要肌肉** 菱形肌

动作全程保持核心收紧，背部屈曲拱起，使背部菱形肌充分拉伸。

## 动作步骤

1. 身体呈坐姿，双腿屈膝 90 度，双脚脚掌贴地，双手手指交叉，双臂环抱大腿，背部挺直，目视前方。

2. 核心收紧，上身拱起，背部屈曲，下颌向胸部靠近。保持动作一段时间。

保持背部挺直

含胸低头

背部屈曲

# 站姿拉伸小腿

**训练部位** 下肢

**主要肌肉** 比目鱼肌、腓肠肌

## 动作步骤

1

两条腿均伸直

脚跟着地

2

身体前倾

感受拉伸

1. 双手叉腰站立，核心收紧，腰背挺直。两条腿伸直，右脚脚尖靠在踏板上，脚跟着地。

2. 身体微前倾，重心前移，保持双腿伸直状态，至小腿肌群有中度拉伸感，保持规定时间。恢复起始姿势，两侧交替进行，完成规定次数。

# 跪姿背阔肌拉伸

**训练部位** 肩部、背部、髋部

**主要肌肉** 背阔肌

**POINT** 要点提示

在拉伸过程中，均匀地深呼吸。

## 动作步骤

身体呈俯身跪姿，臀部向下坐于脚后跟上；背部尽量挺直，双臂伸直过头顶，前臂、双手触地，指尖朝前，面部朝地。保持拉伸动作，直至达到规定时间。

背部尽可能挺直

# 体前屈

**训练部位** 下肢、大腿、小腿

**主要肌肉** 大腿后侧肌群

## POINT 要点提示

不论是站姿还是坐姿，记住双腿始终伸直不弯曲，双手尽量触碰到脚尖。

## 动作步骤

**站姿**

1. 抬头挺胸，身体呈直立站姿。目视前方，双臂自然垂于身体两侧。
2. 保持核心收紧，屈髋俯身，双手指尖尽力触碰脚尖，并保持双腿伸直，保持规定时间。恢复起始姿势，完成规定次数。

双腿伸直

指尖碰脚尖

**坐姿**

1. 身体呈坐姿，双腿伸直，躯干直立，双手撑在身体两侧，手掌贴地。
2. 两腿伸直，上身前倾，双臂伸直向前，至双手触碰脚尖，保持规定时间。恢复起始姿势，完成规定次数。

# 双臂向后伸展上提

**训练部位** 上肢

**主要肌肉** 三角肌前束

**POINT** 要点提示

当双臂向身体后上方举起时，深呼气。在拉伸过程中，均匀地呼吸。

## 动作步骤

**1**

手置于臀部后方

**2**

向身体后侧抬起

1. 身体直立，双脚间距与肩同宽，腹部收紧，挺胸抬头，双手交叉置于臀部后方，目视前方。

2. 躯干不动，双臂向身体后侧举起，直至三角肌前束有中等程度的牵拉感。保持拉伸动作，直至达到规定时间。

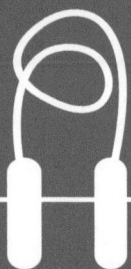

# 第 5 章
# 损伤与预防

　　9~10 岁是发展孩子速度、灵敏、协调能力和运动技能的最佳窗口期，这一阶段的孩子好学、好新、好模仿，想象力丰富，但注意力不集中，活泼好动，自我约束能力较差，容易发生运动损伤。本章从儿童青少年生理特点出发，主要介绍常见的运动损伤及预防方法。

# 儿童青少年生理特点与运动损伤的关系

● **骨骼特点**

软骨成分多，水分多，有机物质多，无机盐少，骨松质较多，骨密质较少。虽然富有弹性，但并不坚固。

→ 骨头不容易发生完全骨折，但容易弯曲、变形。

● **肌肉特点**

水分多，无机盐、蛋白质、脂肪少。

→ 肌肉收缩机能差，耐力差，比较容易产生疲劳感。

● **神经特点**

神经活动不稳定，容易兴奋而不容易抑制神经活动。

→ 注意力不集中，容易发生意外受伤。

● **关节特点**

关节面软骨厚，关节囊、韧带延展性强，周围肌肉细长。关节活动范围大，牢固性差。

→ 有较大外力作用时，容易发生脱位。

| 骨骼 | 肌肉 | 神经 | 关节 |
|:---:|:---:|:---:|:---:|
| ↓ | ↓ | ↓ | ↓ |
| 弯曲 变形 | 疲劳 | 注意力不集中 | 脱位 |

# 儿童青少年常见运动损伤

## ●运动损伤的定义

运动损伤是指在参加运动或锻炼时发生的组织损伤。根据损伤的部位，可将其分为：骨骼系统损伤，韧带和关节损伤，肌腱和肌肉损伤。

## 骨骼系统损伤

### ●骨挫伤

接触类体育运动中的常见损伤，是发生在骨头上的直接创伤，但不会导致骨折。儿童青少年由于肌肉骨骼系统尚未发育成熟，在运动中容易发生骨挫伤，多见于脚踝、手腕以及坐骨处。

### ●急性骨折

骨骼突然弯曲、扭曲或受压而发生立即断裂，有明显局部疼痛和肿胀。常见于高对抗类体育运动中。

### ●应力性骨折

因过度使用而导致的骨骼损伤，是正常骨骼受到反复应力作用而导致的微骨折，需借助 MRI 或 CT 才能确诊。

## 韧带和关节损伤

### ●踝关节损伤

踝关节是运动中受伤风险最高的关节，常在球类运动的跳跃、变相制动等动作时易发生关节扭伤。踝关节扭伤还容易引发外侧三角韧带拉伤，同时容易使距骨前移造成踝关节灵活性降低。

### ●膝关节损伤

膝关节也是运动中受伤风险较高的关节，动作模式错误、下肢肌群薄弱等都容易导致膝关节损伤。膝关节扭伤通常会引发半月板撕裂，同时伴随内侧副韧带、前交叉韧带的损伤。

### ●上肢关节损伤

儿童青少年在运动过程中，由于喜爱追逐打闹，时常伴有摔跤发生，且在触地瞬间习惯用手腕与肘支撑，因此容易发生手腕损伤。由于儿童青少年骨骼肌肉系统尚未发育成熟，在运动中也容易发生肩关节脱位、盂唇损伤等常见肩部损伤。

## 肌腱和肌肉损伤

### ● 股四头肌拉伤

股四头肌是下肢大肌群肌肉之一，位于大腿前侧，容易在空中对抗、快跑时因肌肉快速离心收缩引起拉伤。

### ● 腘绳肌拉伤

腘绳肌是蹬伸加速的主要发力肌肉，位于大腿后侧，容易在加速或摆脱防守的急起急停时引起拉伤。

### ● 肌腱炎

由重复运动或受伤引起的肌腱或肌腱周围的肌腱鞘发炎也是常见的肌肉损伤。这一损伤主要是由过度使用或用力方式不正确引起的，常见的肌腱炎有肱骨外上髁炎（即网球肘）、胫骨结节炎、足底筋膜炎等。

# 运动损伤应急处理

## 常见运动损伤的应急处理

运动必然伴随损伤风险，特别是针对儿童青少年群体，面对突发损伤情况，教师、教练或家长正确、及时的应急处理可以最大程度地保护伤者，减少炎症发生、缓解疼痛加剧以及避免二次创伤。下文提供了几类急性损伤的应急处理方法，但主要是针对伤情不严重的情况，教练或家长应该对儿童青少年受伤情况的轻重缓急做出基本或准确的判断，在面对伤势较重或无法处理的情况时，应及时寻找专业医务人士或抓紧去医院治疗，不要耽误时机。

## 开放性软组织损伤

开放性软组织损伤主要表现为受伤部位的皮肤或粘膜有破损，形成伤口或组织外露，由于伤口存在感染危险，如果早期处理不当，容易引发感染，甚至危及生命。

开放性软组织损伤的处理原则为止血和防止伤口感染。

## ● 压迫止血

使用干净的衣物填充压迫伤口止血。四肢大出血时应采用止血带，但需定时放松，防止肢体坏死。止血后应当及时就医。

## ● 抬高患肢

使出血部位高于心脏，降低该处血压，减少血流量，从而止血。主要用于四肢少量出血的情况。

## ● 冰敷

一般与前两种方式同时使用，进行止痛、止血、减少肿胀。

## ● 清洁消毒

先用碘伏或酒精消毒液对创口进行消毒，再用纱布或创可贴对受伤部位进行包扎处理，随后及时就医。

# 闭合性软组织损伤

闭合性软组织损伤主要表现为局部皮肤或粘膜完整，无伤口与外界相通，损伤时的出血积聚在组织内。当身体受钝力作用，肌肉猛烈收缩，关节活动超越正常范围或劳损时通常会引起闭合性软组织损伤。该类损伤中急性多于慢性，若急性损伤治疗不当、不及时或过早参加训练，可能会转化为慢性损伤。

轻微至中等闭合性软组织损伤通常采用国际通用 POLICE 应急处理原则。

## ● P——Protect：保护

当损伤发生后，应立刻停止运动，保护受伤部位，在他人帮助下尽快离开运动场所。如果受伤后无法自主活动，应在安全的情况下，尽可能以适当的保护工具或姿势进行防护，避免受伤处加重或受二次创伤。

## ● OL——Optimal Loading：最优负荷

从受伤时起（特别是关节扭伤后），可在有保护和不引起受伤部位明显疼痛的前提下，采用适当负荷进行积极性的活动。适当负荷刺激可以促进细胞反应和组织结构重塑，这种轻柔舒缓的活动有利于恢复。须注意的是，在活动过程中要合理控制强度，对受伤的部位持续加以保护。

## I——Ice：冰敷

一般受伤后不超过 24 小时都可以选择冰敷，单次冰敷以 10~20 分钟为宜，冰敷可以有效控制受伤部位的肿胀和炎症，并在一定程度上缓解疼痛。如果没有合适的冰袋，可先用凉水冲洗，再寻找合适冰敷装置。须注意的是，对于儿童青少年，一般不将冰袋直接与其皮肤接触，最好在皮肤和冰袋之间垫层毛巾，以避免冻伤。如果是冰敷关节部位，可以每 5 分钟拿开冰袋，稍微活动下关节再继续。

## C——Compression：加压包扎

加压包扎的方法要配合冰敷，使用有弹力的绷带将冰袋绑在受伤处，捆绑的时候稍稍用力，根据主观的疼痛感觉，给予一定的压力。加压的主要作用是帮助控制或减少肿胀，并通过对四肢施压增大组织压力从而减少内出血，同时也有减缓伤口发炎、减少组织液渗出的作用。

## E——Elevation：抬高

抬高是将受伤的部位抬高，原则上 48 小时内都应该抬高患肢，患肢抬高的高度至少超过心脏位置，如果是上肢受伤可以借助吊带将肢体吊起，如果下肢受伤可以使用坐姿抬高腿或平躺时腿下垫个枕头。抬高的目的是加速血液和淋巴液回流，通过减少组织液渗出减轻患肢水肿，从而缓解疼痛和加速康复。

# 常见运动损伤的预防

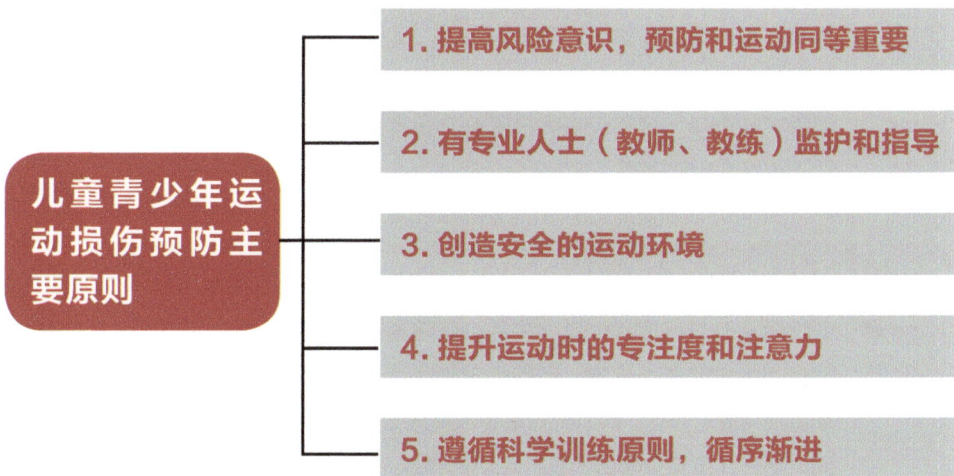

儿童青少年运动损伤预防主要原则

1. 提高风险意识，预防和运动同等重要

2. 有专业人士（教师、教练）监护和指导

3. 创造安全的运动环境

4. 提升运动时的专注度和注意力

5. 遵循科学训练原则，循序渐进

# 儿童青少年运动损伤防护主要措施

● **运动前做好充分的准备活动**

→ 每次运动前都必须有热身或准备活动环节。热身活动可以提高机体温度，促进血液循环，提高肌肉的收缩性能，有效降低肌肉的粘滞性，增加关节活动幅度，减少损伤的发生概率。

● **注重基本技术动作练习**

→ 错误的动作往往是运动损伤的潜在诱因，特别是针对儿童青少年，一定要注重体能训练、运动专项的练习质量，形成正确、合理的动作模式，训练中动作质量的重要程度远远高于动作数量。

● **选择运动服饰和佩戴防护装备**

→ 儿童青少年运动时一定要选择舒适的运动衣服和合适大小的运动鞋，此外，进行篮球、足球、自行车等各项专项运动时，需要佩戴一些必备的专业护具，比如护膝、护腿板、头盔、防摔衣等。

● **重视基础体能，提高体能水平**

→ 儿童青少年无论学习哪一种体育项目，都要注重基础体能的练习。在基础体能和专项技术之间，应该先提升孩子的基础运动技能，有了正确的动作模式，和一定的力量、速度、爆发力、灵敏、协调等方面的身体素质，并加强了骨骼肌肉系统和神经肌肉控制系统之后，再参加竞技性体育运动才是最好的选择，这不仅将大幅降低儿童青少年运动损伤的发生概率，还有助于更好的运动表现。

● **训练后及时恢复放松**

→ 锻炼后及时进行放松，是一种从小就需要养成的良好运动习惯。尽管儿童青少年生长激素水平高，新陈代谢和疲劳消除都很快，但同样也需要在运动后使用静态拉伸、软组织松解等恢复放松手段，从而取得更好的恢复效果，同时提升儿童青少年的柔韧性和肌肉弹性，预防运动损伤。